歴史文化ライブラリー
367

朝鮮人のみた中世日本

関　周一

吉川弘文館

目　次

中世日本を旅した朝鮮人――プロローグ

近世の朝鮮通信使

読者の皆さんは、朝鮮通信使《ちょうせんつうしんし》ということばを聞いたことがおありだろうか。まず思い浮かべるのは、江戸時代（近世）、朝鮮王朝（李氏朝鮮）から日本に派遣された使節であろう。

江戸時代、日本の捕虜になった朝鮮人（被虜人）の送還や、江戸幕府の将軍の代替わりを祝賀するために来日したもので、一六〇七年（慶長一二）から一八一一年（文化八）まで一二回を数えた。最後の文化の通信使は、幕府の財政難から江戸まで上ることはなく、対馬《つしま》止まりであった（易地聘礼《えきちへいれい》）。

それ以外にも長崎のオランダ商館長が、毎年江戸に参府していた。また謝恩使《しゃおんし》や慶賀使《けいがし》という名目で、琉球《りゅうきゅう》王国の使節が江戸に訪れていた（江戸上《のぼ》り）。「鎖国」のイメージが強い江戸時代であるが、江戸には定期的に異国の使節が訪れていたのである。

あまり知られていないことだが、実は室町時代においても、朝鮮王朝は「通信官」「回礼使」「通信使」などの名目の使節を日本に派遣している。

室町時代の朝鮮使節

『日本国語大辞典』第二版、第九巻（小学館、二〇〇一年）をみると、「朝鮮通信使」について、「室町〜江戸時代、朝鮮国王が日本に派遣した外交使節。初期には、幕府の他に大内氏その他の九州豪族も対象となった。朝鮮来聘使《らいへいし》。朝鮮信使」と説明している。この短い説明においても、「初期」である室町時代の使節を記述している。

南北朝時代後半から室町時代、具体的には一三六六年（貞治五）から一四四三年（嘉吉三）の約八〇年間、首都である京都を異国の使節が訪れていた（仲尾宏『前近代の日本と朝鮮』明石書店、一九八九年、同『朝鮮通信使の足跡』明石書店、二〇一一年）。その回数からいえば、近世の朝鮮通信使をしのいでいる。異国の使節は、高麗《こうらい》・朝鮮王朝の使節が数多く、明《みん》や琉球の使節も訪れている。

本書のねらい

本書は、こうした日本を訪れた異国の人たちが書き残した記録や漢詩から、中世日本（特に室町時代）の姿を明らかにしていきたい。異国人の中でも、特に朝鮮人にしぼり、日本を旅した朝鮮人が見た中世日本について考察していくことにする。

具体的には、まず宋希璟《そうきけい》《ソンヒギョン》『老松堂日本行録《ろうしょうどうにほんこうろく》』を丹念に読み、その旅行の行程や外交交渉を明らかにし、彼の日本観察を検討する。ついで、申叔舟《しんしゅくしゅう》《シンスクチュ》『海東諸国紀《かいとうしょこくき》』にみえる日本像を紹介する。この二人は、いずれも使節として来日しており、その体験が著書にまとめられている。さらに正史である『朝鮮王朝実録《ちょうせんおうちょうじつろく》』（李朝実録）にみえる日本関係記事を、使節と漂流人という異なる立場から紹介する。扱う時代は、一五世紀である。朝鮮王朝は、明の冊封を受けているので、明暦を使用している。

叙述の対象を朝鮮人にしぼる理由は、朝鮮史料中には、日本に関する膨大な量の記事があり、豊富な日本像をうかがうことができると期待されるからである。

朝鮮王朝に比べると、明代の日本関係史料は多いとはいえない。明にとっての日本は、数多くある朝貢国の一つにすぎない。そのため、『明実録』の日本記事は、『朝鮮王朝実録』に比べると、その分量は圧倒的に少ない。ようやく一六世紀になって、鄭舜功《ていしゅんこう》『日《に》本一鑑《ほんいっかん》』や鄭若曾《ていじゃくそう》『籌海図篇《ちゅうかいずへん》』のような日本研究書が書かれるようになり、日本情報は増加する。また琉球では、日本に派遣された使節が書き残した史料は、残されてはいない。

「朝鮮人がみた中世日本」に関する先行研究は後述するが、本書はそれらの研究に学びつつ、従来から紹介されている著名な記事を含めて、朝鮮人による日本観察を具体的に叙述していきたい。

一般読者にとって、もとになる朝鮮史料は難解な漢文のため、意訳を交えつつ、私のつたない現代語訳で内容を紹介していく。それによって、朝鮮人による日本中世の記録が広く利用され、彼らの目を通じて中世社会の一端を読み取っていただくことを願うばかりである。

旅人の目

さて朝鮮使節や漂流人は、いうまでもなく日本社会の構成員ではない。公的な任務として、または偶発的に日本を訪れた旅人といえる。そうした旅人の目から、中世社会を捉えようとする研究が進んでいる。分析に入る前に、旅人の視点の有効性や可能性についてみておこう。

榎原雅治氏は、旅行記を素材として、法隆寺僧侶の快訓《かいくん》の旅を検討し、中世を旅する人、特に巡礼の事例を取り上げ、東海道の風景を具体的に提示した。そして村落や地域社会をみる上で、旅行記の有効性について次のように述べている。

そこに生活している者にとっては、何の変哲もない日常の光景が、旅する者の目には物珍しく新鮮なものとして映ずる場合がある。中世民衆の営む生業のありさまについて、旅行記の教えるところは少なくない。

（中略）

また旅する者の記述は空間を連続的にとらえている。領主のもとに残った史料に依拠する割合の高い中世の村落史研究にあっては、ある村の歴史をどのくらい明らかにできるかは、領主が戦乱や災害の下をかいくぐってどのくらい史料を残してくることができたか、そもそも領主が滅亡することなく現在まで生き延びることができたか、という偶然の要素に左右されることが多い。

したがって隣りあった村でも領主が異なれば、われわれが知りうる中世についての情報量には雲泥の差が出るのが普通である。領主の別をこえた地域社会のようすを知ろうとしても、そこには大きな困難が立ちはだかっている。その点、旅する者が書き残した史料は、記述内容が記述者の関心をもったことに限定されているという難点はあるものの、領主の違う村々についてのようすを連続して書き記しており、地域社会のようすを広い面として把握しようとするとき、きわめて重要な手がかりとなることがある（坂田聡・榎原雅治・稲葉継陽『日本の中世12　村の戦争と平和』中央公論新社、二〇〇二年、一九四〜一九六頁）。

旅する者にとって、旅の途中や目的地でみる光景は、物珍しく新鮮なものとして映る。端的にいえば、異文化をみているといってもよいだろう。榎原氏は、旅人の残した記録の連続性から、旅行記が、中世の地域社会を知る材料である点に注目している。旅行記を中世の地域社会史研究に活用していこうという立場である。

榎原氏は、こうした旅行者の視点を踏まえて、「丹後国御檀家帳《たんごのくにごだんかちょう》」などを分析し、そこにあらわれた村や、むすびあう地域の姿を論じている。

対外関係史研究の立場から、高橋公明氏は「旅人の目」について、次のように述べている。

異国の旅人の目

私たちは旅をする。そして私たちは好奇心の強い観察者となる。観察者は、ある社会なり文化を前にして、あらゆることに関心を持とうとする。好奇心の振り向けようは、そこに属す構成員の価値観とは関係がない。そして観察者は、しばしば構成員にとってあまりにも当たり前のことに注目する。日常のありふれた光景、社会に埋め込まれた仕組み、無意識に行う習慣などである。これらは、構成員にとって特筆に値するものではないが、観察者にとっては直接の体験をしない限り理解が困難なものである。このような思考過程を経て、観察者は異文化を理解する第一歩を踏み出す。

歴史学の観点に立つと、外部の観察者の証言から、また別の価値を見いだすことができる。観察された対象が現存しなかったり、あるいは大きな変容を遂げていたりした場合、その対象を復元するためにそれについての証言が重要な役割を果たす可能性がある。どんなに基本的、あるいは中核的なことでも、その構成員に特筆すべき事柄と思われなければ、それについて詳しい記述を構成員が残す可能性は低いからである。

ここではこの外部の観察者の立場を「旅人の目」と名づける。「旅人の目」には限界がある。外部から社会を眺めるため、あるときには現象の物珍しさのみに目が行き、またあるときには「偏見」に満ちた解釈を下す。このような限界があるにも拘わらず、旅人の目は、しばしばわれわれに貴重な証言を残す。すなわち、ある社会の特質を知るために、「旅人の目」を借り、諸記述を分析するという方法は、きわめて有効な手段と言えるのである（高橋公明「外国人の見た中世日本」村井章介・佐藤信・吉田伸之編『境界の日本史』山川出版社、一九九七年、一八一～一八二頁）。

高橋氏は、旅人の目という外部の観察から、当該社会の特質を探ろうというものである。この視点は、異国を旅した人々の記述を対象とした場合にいっそう明瞭になる。

高橋氏は、右の記述を踏まえて、一五～一六世紀末までに西日本地域を旅した異国の人々の記述を検討した。一五世紀では、朝鮮人外交官の目、一六世紀後半～一七世紀初めのキリシタン宣教師の記録、一六世紀末の豊臣秀吉の朝鮮侵略に関する朝鮮人の記録を対象とした。

対外認識をとらえる視点

本書で扱う「朝鮮人のみた中世日本」というテーマは、一般化していえば、国際認識、異国認識、対外認識などとよばれる。

この課題を研究した先達である田中健夫氏は、「史料に遺された対外認識はすべて部分的な認識、個人的な認識の集積にすぎないことを自覚することから、集団や地域の共通の対外認識の解明が始まる」とし、「認識主体がどの地域の、どの社会層の、どのような歴史を経験し、どのような意図(利害の意識)を有する人物かということを特定しない限り、『日本武士の朝鮮観』とか、『朝鮮官僚の琉球観』とかいうような総括的な表現を軽々しくしてはならない」として、個人による部分的認識を一般化・抽象化することを厳しく誡めている。また「個人の認識は、その所属する国家・民族・地域・階層・集団等の共通の意識やそこで行われる教育の影響を受け、規制を受けている」ことを指摘している。そして国際認識には、独善・独断・偏見が必ず介在するものであり、また誤解や曲解が入り込む余地があると考えなければならないと述べている(田中健夫『東アジア通交圏と国際認識』吉川弘文館、一九九七年、七五~八三頁)。誤解や曲解をともなうことについては、先に引用した高橋氏の文章においても指摘されている。

田中氏の指摘は、対外認識についての視点や研究方法に対する重い提言である。それを踏まえて、本書においては、史料にみえる朝鮮人の観察を、他の史料、たとえば日本側の史料や考古資料などとつきあわせる作業を適宜行うことにしたい。それによって、観察の精度を確認でき、さらにその観察に深みを加えることができるのではないかと考えている。

日朝関係と日本情報

中世の対外関係——概観

中世の対外関係の特色

さて、本論に入っていくことにしたいが、実際に『老松堂日本行録《ろうしょうどうにほんこうろく》』などの史料を読む上では、ある程度の予備知識が必要である。そこで、まず古代から中世（本書では一五世紀まで）にかけての対外関係について概観しつつ、特に日朝関係の特徴について確認する。ついで朝鮮王朝の集積した日本情報について説明し、本書で扱う史料や、「朝鮮人のみた中世日本」に関する先行研究を紹介しておきたい。

まず強調しておきたいことは、中世の日本は、アジア諸地域との間に活発な交流が行われ、特に経済や文化における影響を強く受けた時代であったということである。それは、民間レベルの交流が主体であり、海商や僧侶たちが主要な担い手であった。

八世紀の外交

八世紀、律令国家は、唐や新羅《しらぎ》・渤海《ぼっかい》と外交関係を結んでいた。それに呼応して、外国の使節や遣外使節などが滞在する施設が、京（平城京・平安京）・難波《なにわ》（摂津）・大宰府《だざいふ》（筑紫《つくし》）に設置された。この施設は「館舎《かんしゃ》」「客館《きゃっかん》」と呼ばれたが、九世紀になると、嵯峨朝が弘仁年間（八一〇〜八二四）、殿舎諸門の呼称を唐風《とうふう》化したことにともない、鴻臚館《こうろかん》とよばれるようになる。

律令国家は、唐との外交を基軸として、原則として二〇年おきに遣唐使を派遣した。唐からは、政治・経済・文化のさまざまな分野について学び、多くの文物が将来された。また新羅使は、博多湾に来航して大宰府が管理している鴻臚館において応対を受けた。また渤海使は、主に日本海沿岸に到着し、平城京や平安京に迎えられた。日本からも遣新羅使、遣渤海使が派遣された。

このように八世紀は、国家と国家の間の交渉が中心であり、外交に付随して貿易が行われた。

海商の登場

しかし日本と新羅の関係が悪化し、新羅使は、七七九年（宝亀一〇）を最後に来日が途絶えた。

九世紀になると、遣唐使の派遣は激減した。実際に派遣したのは、九世紀前半の二回のみである。渤海使は、八世紀同様に頻繁に来日して活発に交渉をしたが、それも九一九年

（延喜一九）が最後になる。

こうして外交使節を派遣することによる国家間の交渉はしだいに下火になるが、それに代わる担い手が、海商《かいしょう》であった。大宰府の鴻臚館には、唐に拠点を持つ新羅海商や、唐の海商が来航し、貿易を行うようになった。平安京を拠点とした律令国家は、唐物使《からものつかい》を派遣し、高級船来品である唐物を優先的に購入した（官司先買権）。

博多の海商と僧侶

一〇世紀、唐や渤海、新羅が相次いで滅んだ。中国では北宋が成立し、江南を中心とする経済の発展がめざましかった。中国人海商たちは、朝鮮半島（当時の王朝は高麗）や東南アジアなどの中国以外の港に住居や倉庫、店舗を構えて貿易を行った（住蕃《じゅうばん》貿易）。

日本において中国人海商たちを迎え入れる窓口となったのは、北九州の博多（現、福岡県福岡市）である。一一世紀中ごろ、大宰府管理下の鴻臚館が廃絶し、その東側に位置する博多が貿易の拠点になった。博多には、中国人海商が住居・倉庫・店舗を構え、日本人女性を妻とした。海商らの居住地区は、「唐房《とうぼう》」とよばれた。

また商船を経営する有力な海商は、綱首《こうしゅ》とよばれた。海商たちは、九州の寺社や、京都の貴族や寺社などの権門と結びつき、彼らをパトロンとして資金の提供を受けながら、商船を経営した。

北宋との貿易では、白磁《はくじ》や青磁《せいじ》などの陶磁器、絹織物や薬などの唐物が輸入された。北宋で大量に鋳造された銅銭（宋銭）が博多にもたらされ、日本列島の各地で使用されるようになる。

日中間を活発に往来した商船には、僧侶が乗船することが多く、五台山や天台山などの中国の聖地を巡礼している。一三世紀半ばからの約一〇〇年間は、日本から中国に渡来し参学する僧侶が数多く、また北条氏の招請で中国僧があいついで渡来し、鎌倉や京都の禅宗寺院に住した。

モンゴル帝国と寺社造営料唐船

一三世紀、ユーラシア大陸では、モンゴル（中国では元朝）が台頭し、ついに金や西夏《せいか》を滅ぼした。六期にわたる侵攻によって高麗を征服し、ついには南宋を滅ぼし、広大な帝国を作り上げた。さらに日本に対し二度にわたる攻撃をし（文永蒙古合戦、弘安蒙古合戦）、ヴェトナムやジャワなどにも侵攻した。その一方、モンゴル帝国は陸路には駅伝制《えきでんせい》を導入し、都の大都と海路を結ぶなど、交通路の整備に腐心し、それにともない活発な交流が行われた。

モンゴル（元朝）との戦争後、日本と大陸との間の商船の往来は、むしろ活発になり、日中の禅僧も頻繁に往来した。

一四世紀前半には、建長《けんちょう》寺船や天龍《てんりゅう》寺船のような寺社造営料唐船《じしゃぞうえいりょうとうせん》が日中間を往来し

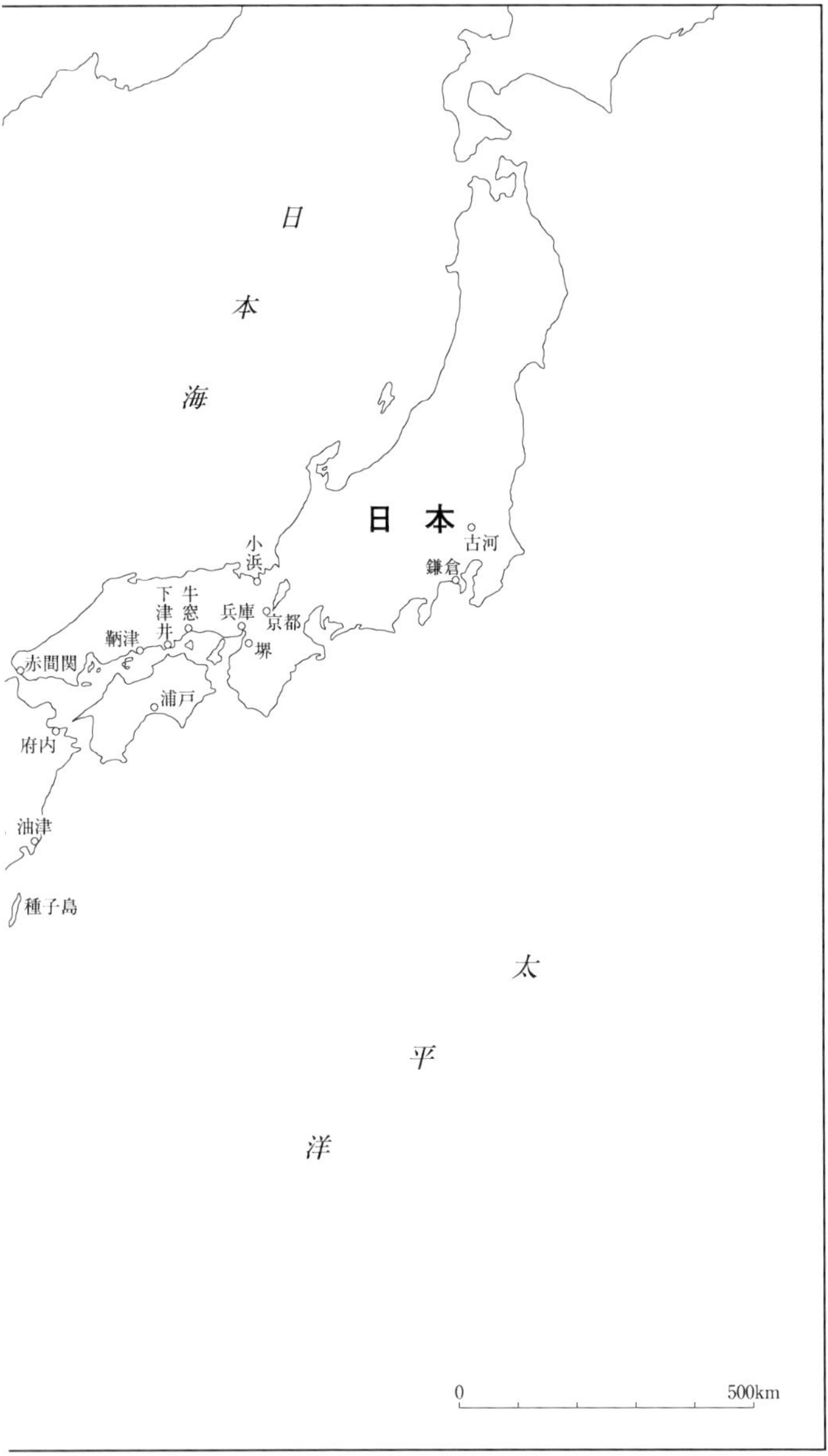

大明国と倭寇』〈ぎょうせい，1986年〉を元に作成）

図1　東アジア関係地図（『海外視点・日本の歴史7

た。海商が日中間を往復させていた貿易船に、日本からの一往復に限って「造営料唐船」の看板を掲げさせて領海内の安全を保障し、そのみかえりに海商は利潤の一部を寺社の造営費用に醵出《きょしゅつ》するというものだったと考えられる。このような貿易を通じて鎌倉や京都の禅宗寺院は、絵画や陶磁器などの唐物を得ることになった。

新安沈没船

寺社造営料唐船の実像は、大韓民国全羅南道新安郡《チョルラナムドシナン》の道徳島《トトクド》沖においてひきあげられた沈没船から知ることができる。この船は、一三二三年（日本では元亨三、元では至治三）、日本京都の東福寺《とうふくじ》再建の費用を得る目的で派遣され、元の慶元（現、中国浙江省寧波《せっこうニンポー》）から日本に帰還する途中、沈没したとみられる。

船は、長さ約二八メートル、最大幅九・三メートルで、重さは二〇〇トンである。中央と前方にマストを備え、船底に龍骨をもつV字型の船で、中国のジャンクの特徴を備えている。

積載されていた遺物は、総数約二万二〇〇〇点にのぼる。その九〇％の約二万点が陶磁器であり、ほとんどが中国陶磁器、とりわけ龍泉窯《りゅうせんよう》で焼かれた青磁が多い。高麗陶磁器も七点含まれている。八〇〇万枚以上の銅銭（二八トン）や、紫檀木《したん》・金属製品・木簡《もっかん》・金属原料や、胡椒《こしょう》・香木《こうぼく》などの植物遺体が含まれている。船員や海商の持ち物と思われるものも含まれている。将棋駒・下駄・日本刀の鍔《つば》・日本産の火鉢・漆椀などの日本産のものや、中華鍋や高麗の匙《さじ》もある。中国人・日本人・高麗人が乗船していた国際色豊かな船であったと考えられる。

前期倭寇

このような活発な交流は、一四世紀後半に大きな転機を迎える。それは、朝鮮半島や中国大陸を襲った倭寇《わこう》の発生であった。倭寇とは、被害を受けた朝鮮・中国側の呼称で、朝鮮半島・中国大陸で掠奪行為を行った集団を指している。

一三五〇年二月、高麗の慶尚道《キョンサンド》南岸の固城《コソン》・竹林《チョクリン》・巨済《コジェ》を、倭寇が襲った。これを皮切りに、ほぼ毎年、倭寇は朝鮮半島の南部や西海岸、時には首都開京《ケギョン》（開城《ケソン》）に近い島々や沿岸部まで襲撃し、さらには中国大陸を襲撃する者もいた（前期倭寇）。倭寇の中には、一〇〇、三〇〇、五〇〇艘などの大船団をくむものもあり、内陸部まで侵攻する大規模騎馬集団も登場した。

阿只抜都

倭寇の頭目（「賊将」）の一人に、阿只抜都《アキバツ》と呼ばれた人物がいた。年齢は、一五、六歳で、「骨貌」は端麗で、勇ましさは他に類をみないものだった。白馬に乗って戈《ほこ》を舞して馳突し、向かう者は恐れてひれ伏し、敢えて当たる者がなかった。

高麗の将軍であった李成桂《りせいけい》《イソンゲ》は、「荒山《ハンサン》戦闘」（南原山城《ナムオンサンソン》の戦いともいう）において、阿只抜都の率いる倭寇と対戦した。李成桂は、阿只抜都の兜を射落として、成桂の部下の李豆《りとう》蘭《らん》が射殺した。倭寇は、大いに気をくじき、李成桂は、倭寇をうち破った。川の流れは血でことごとく赤くなり、六、七日間色が変わらず、人は川の水を飲むことができなかった。

捕らえた馬は、一六〇〇余匹にのぼった(『高麗史』巻一二六、辺安烈伝)。この勝利は、李成桂が台頭する契機になり、一三九二年に朝鮮王朝を成立させる。

倭寇の実像

倭寇の主な掠奪品は、食糧(米)と沿岸の住民たちである。食糧については、租米を運ぶ輸送船や、それを備蓄する倉庫が攻撃の対象になった。彼らが奪った米や人などは、売買された。したがって、前期倭寇は、掠奪者(海賊)としての側面と、交易を行う商人(海商)としての側面とがあった。

また倭寇に捕らえられた人々(被虜人)は、案内人(諜者)として倭寇の活動に従事させる他、博多や壱岐《いき》・対馬や琉球の那覇などに転売された。当時は、人身売買が頻繁に行われ、倭寇による被虜人も商品であった。

前期倭寇の主な構成員は、朝鮮王朝は、「三島の倭寇」とよぶ、対馬をはじめ、壱岐・松浦地方の人々とみられるが、高麗朝に不満をもつ高麗の人々も含まれている可能性がある。また高麗の賤民である禾尺・才人が、倭寇をかたって、掠奪をした例がある。禾尺は揚水尺・水尺ともいい、牛馬の屠殺・皮革の加工を行い、才人は仮面芝居の集団である。

このような倭寇を、村井章介氏は、境界人とよんでいる(『日本中世境界史論』岩波書店、二〇一三年)。日朝の境界を活動の場とし、国家や民族という枠をまたぎ、日本と朝鮮という二つの世界を自由に往来する人々であった。

高麗との交渉

一三六六年（貞治五）、高麗の恭愍王《きょうびんおう》は、使者として金龍《きんりゅう》《キムリヨ》一行と金逸《きんいつ》《キムイル》一行とを別個に日本の京都を派遣した。目的は、日本側に倭寇の禁圧を要請することであった。

室町幕府は、高麗使の処遇について朝廷に執奏したが、殿上定《てんじょうさだめ》の結果、使節の受け入れを拒否すると決定した。しかし幕府側は、天龍寺を宿所として迎えた。使節を接待したのは、天龍寺住持の春屋妙葩《しゅんおくみょうは》らの五山僧《ござんそう》であった。また将軍足利義詮《あしかがよしあきら》も、天龍寺に赴いて使節を引見した。そして義詮の意を奉じる春屋の書状を返書とした。この時、春屋に僧録という肩書が加えられている。天龍寺の僧侶二人を伴って、金龍・金逸らは帰国した。この高麗使との交渉は、幕府が朝廷から外交権を接収する第一歩になった。

その後、高麗使の来日は途絶えていたが、その後、五度にわたって高麗使が来日した。一三七五年（永和元）に派遣された羅興儒《らこうじゅ》《ナフユ》に対して、幕府は徳叟周佐《とくそうしゅうさ》の書状を送って、倭寇の禁圧を約束した。

しかし、その約束に満足できなかった高麗は、倭寇の禁圧を期待できる交渉相手として、九州探題今川了俊《きゅうしゅうたんだいいまがわりょうしゅん》と大内義弘《おおうちよしひろ》と交渉をもつようになった。彼らは、被虜人の送還に協力したり、倭寇を鎮圧するための軍勢を高麗に派遣したりした。

日明関係の成立

中国大陸では、元朝末期の混乱を制し、一三六八年、朱元璋《しゅげんしょう》が明朝を建国して皇帝になった（太祖、洪武《こうぶ》帝）。洪武帝は、一般の中国人が海上に進出することを一切禁止する海禁政策をとった。その一方、洪武帝は、周辺諸国の国王に対して朝貢を呼びかけた。貿易は、明皇帝が、冊封《さくほう》をうけた国王の使節のみに許した。こうして国家間で使節を派遣しあい、あわせて貿易を行う体制が形成されていく。

当時の日本は、南北朝内乱の最中であった。洪武帝は、九州に勢力をもっていた南朝の征西将軍懐良《かねよし》親王のもとに楊載《ようさい》らを派遣して、朝貢を求めた。二度目の交渉の結果、一三七一年（建徳二）、懐良親王は祖来を使者として明に派遣した。祖来は、懐良親王を日本国王に封じる洪武帝の詔書と、明の暦である大統暦を賜り、帰国した。

懐良親王を日本国王に封じる洪武帝の詔書を携えて、明使仲猷祖闡《ちゅうゆうそせん》・無逸克勤《むいつこくごん》が、祖来に同行して一三七二年五月、博多に到来した。だが、博多は、将軍足利義満が送った九州探題今川了俊によって制圧されていた。了俊は、明使を博多の聖福寺に拘留した。日本の事情を知った明使は、大宰府を失った征西府にかわって、北朝側との交渉に切り替え、翌年六月に京都に上洛した。

足利義満は、聞渓円宣《もんけいえんせん》・子建浄業《しけんじょうごう》を使者として、明使の帰国に同行させ、被虜人一五〇人を送還した。これが、室町幕府最初の遣明使である。だが、洪武帝は、義満の国書が

「国臣の書」であり、国王が臣下として皇帝に奉る公式な文書である「表」ではなかったため、受け取りを拒絶した。

一四〇一年（応永八）、足利義満は祖阿《そあ》・肥富《こいつみ》を明の建文帝に派遣し、翌年日本国王に封じられ、日明貿易《にちみんぼうえき》が開始された。その後、義満は、永楽帝から「日本国王之印」と勘合を与えられた。

日明断交と再開

足利義満が死去した後も将軍足利義持《よしもち》は遣明使を派遣していたが、一四一一年（応永一八）、明使王進《おうしん》の入京を許さず、兵庫から帰国させ、日明関係を断絶した。義持自身が父義満の政策に批判的だったこともあるが、明皇帝に服属するという形態を屈辱的とみなす人々が幕府や朝廷内に多かったという事情がある。国際秩序の維持を考えていた明にとって、日明断交は不都合なことであり、永楽帝は日本を攻撃することまで考えたようであるが、実現には至らなかった。

その後、将軍足利義教《よしのり》によって日明関係は復活する。一四三二年（永享四）八月、正使龍室道淵《りゅうしつどうえん》らは兵庫を出発した。一行は翌年、北京に入り、足利義教が宣徳帝にあてた表《ひょう》という文書を奉じている。一四三四年（永享六）、明使雷春《らいしゅん》らをともなって帰国した。

足利義満・義持の時期の遣明船は、すべて日本国王の名義で派遣され（公方船《くぼうせん》）、経営の主体も幕府であった。義教の時期からは、幕府の使節を乗せた公方船の他、守護大名

（山名《やまな》氏ら）や寺社（相国寺・天龍寺など）が使船を用意して、経営に参加するようになった。また博多や堺《さかい》などの商人が、遣明船に乗船して利益をあげた。このような多彩な乗組員からなる船団全体を、日本国王使として扱い、明へ派遣したのである。

明を中心とする国家間の通交関係を最大限に利用したのが、琉球である。

琉球王国

一四世紀、按司《あじ》たちがグスクという城塞をつくり抗争しているなかで、沖縄本島では、中山《ちゅうざん》・山北《さんほく》・山南《さんなん》いう三つの勢力が形成された。明の朝貢要請にいち早く応え、一三七二年、琉球国中山王察度《ちゅうざんおうさつと》は、弟の泰期《たいき》らを明に派遣して、馬と硫黄を献じた。それに対抗して、山南王・山北王が相次いで朝貢使を明に派遣した。明は、中山と山南への大型海船を下賜するなど、中国人海商に代わって貿易を行う主体として成長できるように配慮した。

その後、三山を統一した中山王尚巴志《しょうはし》に始まる第一尚氏や、クーデタによって国王になった金丸《かなまる》（尚円）に始まる第二尚氏の使節が、頻繁に明に入貢して貿易を行った。貿易港は那覇《なは》であり、その久米村《くめむら》には、外交・貿易を担当する中国人（閩人三十六姓《びんじんさんじゅうろくせい》）が居住した。

このような明との密接な関係を背景に、琉球は、明、高麗や朝鮮王朝、日本、シャムなどの東南アジア諸国との中継貿易によって栄えていく。東南アジア諸国も、海禁のため中国の外に拠点をもつようになった中国人が外交・貿易を担っていたため、実質的には中国人のネットワークを利用して交渉が進められた。

琉球船は、日本の京都や兵庫、博多・南九州にも頻繁に来航し、中国産の唐物や東南アジア産の香料などをもたらした。琉球が朝鮮王朝に派遣した使節は、博多や対馬の海商らが担うようになり、彼らが仕立てた偽使《ぎし》が朝鮮を訪れるようになる。

偽使とは、派遣の名義人と実際の派遣者が異なる使節のことで、室町時代に日本や琉球から朝鮮王朝に派遣された使節に数多くみられる。その詳細については、本シリーズ、歴史文化ライブラリーの橋本雄『偽りの外交使節』（二〇一二年）を参照されたい。

朝鮮王朝の日本情報

室町時代の日朝関係

室町時代の日朝関係について、簡潔に整理しておこう。朝鮮王朝は、日本との外交を積極的に展開した。最大の目的は、一四世紀後半に朝鮮半島や中国大陸で猛威を振るった倭寇を鎮圧し、再び発生させないことにあった。そのため、倭寇を抑圧できる幕府や大名たちと交渉を持ち、お互いに使節を往来させたのである。

日本が朝鮮に派遣した使節は、朝鮮における貿易を許されたので、室町幕府の他、博多の九州探題（今川了俊や渋川氏）、山口の大内氏（博多にも基盤を持つ）、対馬の宗氏らが頻繁に朝鮮に使節を派遣するようになった。

宗貞盛《そうさだもり》は、対馬島内外の朝鮮使節に対して、文引《ぶんいん》という渡航証明書を発行する権利を朝鮮から認められた。一四四三年には、朝鮮との間に癸亥《きがい》約条を結んでいる。さらに博多商人や宗氏らによって、偽使が派遣されるようになる。

そして商人や、もと倭寇であった人々の中にも、朝鮮を訪れて貿易をする者が数多くいた。その中には、朝鮮王朝に「帰化」する人々もいて、朝鮮では向化倭人《こうかわじん》と呼ばれた。向化倭人の中には、朝鮮王朝から官職を与えられた受職人もいた。日本船（朝鮮は「倭船」と呼ぶ）の入港が許されたのは、薺浦《チエポ》（乃而浦《ネイポ》）、富山浦《プサンポ》（釜山浦）、塩浦《ヨンポ》の三浦《さんぽ》であったが、そこには長期にわたって居住する恒居倭《こうきよわ》が生まれた。また主に対馬島民が、三浦の周辺海域や孤草島《コチヨド》（全羅道の巨文島《コムンド》に比定される）などの漁場に出漁していた。宗貞盛は、一四四一年、孤草島釣魚禁約を朝鮮と結び、対馬漁民の出漁を管理した。魚や塩を朝鮮に持ち込んで米と交換していた興利倭船《こうりわせん》（乗員が興利倭人）もいた（長節子『中世　国境海域の倭と朝鮮』吉川弘文館、二〇〇二年）。

朝鮮使節

室町幕府との交渉のために、京都を訪れた朝鮮王朝の使節は、一三九九年（応永六）の朴惇之《ぼくとんし》《パクドンシ》から一四四三年（嘉吉三）の「日本通信使」卞孝文《べんこうぶん》《ピヨヒヨムン》まで、一四例ある。一三九七年、大内義弘のもとに派遣された「回礼使《かいれいし》」（または「日本通信官」）朴惇之は、京都も訪れ、将軍足利義満と交渉している。これが、朝鮮王朝と室町幕府の最初の交渉である。

その後、一四五九年（長禄三）に派遣された「日本国通信使」宋処倹《そうしよけん》《ソンチヨコム》らは、海上で遭難してしまった。一四七九年（文明一一）に派遣された「日本国通信使」李亨元《りきようげん》《イヒヨンウオン》は、対馬島に到ったところで病気になり、そこから帰国の途中、巨済島《コジエド》において没している。通信使が再び京都を訪れるのは、一五九〇年（天正一八）のことで、通信使黄允吉《こういんきつ》《フワンユンギル》と副使金誠《きんせい》《キムソン》一《いつ》《イル》が、聚楽第《じゆらくてい》において豊臣秀吉に謁見している。

朝鮮使節は、幕府との交渉のみではなく、朴惇之のように大内氏と交渉するなど、各地の大名らとの交渉を目的とする場合もあった。その中でも、対馬の宗氏との交渉を目的とした使節は数多い。その使節の多くは、朝鮮国内に派遣される文官の臨時職である「敬差《けいさ》官」の職が与えられている。

『朝鮮王朝実録』

ここで本書で使用する『朝鮮王朝実録』（李朝実録）と、利用できる刊本などについて説明しておこう。

同書は、朝鮮王朝歴代国王についての編年体の史書である。太祖《たいそ》《テジヨ》から純宗《じゆんそう》《スンジユ》までの二七朝（一三九二〜一九一〇年）を三二種、一九四六巻に編纂された。一四〇九年に『太祖実録』の編纂に着手したのに始まり、各国王の没後に編纂が行われた。一九三五年、『純宗実録』の編纂によって完結した。

編纂を担当したのは、『太祖実録』から『仁祖実録』までは春秋館、『孝宗実録』から

『憲宗実録』までが実録庁、最後の『高宗実録』と『純宗実録』は韓国併合後、李王職《りおうしょく》が担当した。編纂の根本史料は、史官の記録である『史草』（家史）と、官庁の重要文書を撰集した『時政記』である。

一九二九〜三二年、日本の植民地時代にあった京城大学は、太白山史庫本（一部は、江華史庫本）を底本として、『太祖実録』から『哲宗実録』までの全実録の写真縮刷本を刊行した。総目録を合わせて八八九冊になる。重印の部数は三〇部であり、日本・朝鮮の官公立大学図書館に頒布された。これをさらに縮写して、一九五三年（昭和二八）から、学習院大学東洋文化研究所が『李朝実録』五六冊を刊行した。

韓国では、一九五五年から国史編纂委員会が、『朝鮮王朝実録』全四九冊（索引一冊を含む）を刊行した。『高宗実録』『純宗実録』は、別に『高宗純宗実録』全三冊として刊行した。韓国・北朝鮮とも、『朝鮮王朝実録』の朝鮮語訳が完成している。韓国の国史編纂委員会において全文が電子情報に加工され、原文・朝鮮語訳・影印が、インターネット(http://sillok.history.go.kr/main/main.jsp) で公開され、検索も可能である。

日本では、『朝鮮王朝実録』の中から、日本・琉球関係の記事を抜き出した『中国・朝鮮の史籍における日本史料集成』「李朝実録之部」一二巻が、国書刊行会（一九七六〜二〇〇七年）から刊行され、一五九六（宣祖二九年）一二月までを収めている。

朝鮮王朝の収集した日本情報

前述したような日本との活発な交流の結果、一五世紀、朝鮮王朝にはさまざな日本に関する情報が集積された。おおよそ次の五つの情報源が挙げられる。

①使節の見聞（伝聞情報を含む）

日本回礼使・日本通信使などとして、日本に派遣された使節が、直接自ら見聞したもの。彼らが接触した日本人からの伝聞情報もある。帰朝後、朝鮮国王に報告する。

②日本からの外交文書（国書、書契）

日本国王（足利将軍）や大内氏・宗氏などから送られた外交文書（国書や書契《しょけい》）の中には、朝鮮国王に対する慶賀の他、日本国内の政治状況について触れているものがある。たとえば、日本国王（足利将軍）の訃報、大内氏と少弐《しょうに》氏の対立、応仁《おうにん》・文明《ぶんめい》の乱などである。

もっとも中には、偽使がもたらした書契があり、記された情報が事実とは限らないという点に注意する必要がある。

③日本からの使者や向化倭人らの発言

日本の使者に対して、朝鮮国王や礼曹《れいそう》（外交を担当）などは日本の事情について細かく尋ねることがあった。また倭寇の襲撃や対馬との交渉においてトラブルがあった場合には、向化倭人に尋ねて、情報を収集することが多かった。

④被虜人・漂流人の見聞

朝鮮に送還された被虜人・漂流人の見聞も重要な情報源であった。帰還した被虜人は、拘留されていた場（たとえば、対馬）に関する情報（倭寇の事情など）を報告する場合があった。

また漂流人は、帰還後、漂着地または、朝鮮に送還される途上で観察したことなどについて報告している。朝鮮王朝は、彼ら（特に漂流人）を尋問をして詳細な情報を入手している。特に琉球に関する情報は、今日の琉球史研究にとってみても基本史料となっている（本書でもその一部を紹介する）。

⑤日本から招来した文物・著作（地図など）

日本からもたらされた文物（たとえば、刀剣・硫黄など）や著作も、日本を理解する上で、貴重な情報源といえるだろう。特に地図は重要な情報源であり、本書の後半で取り上げる申叔舟《しんしゆくしゆう》《シンスクチュ》の『海東諸国紀《かいとうしよこくき》』にも所載されている。

また朝鮮王朝の司訳院では、蒙古語・日本語・女真《じよしん》語・満州語が教育されていたが、そのうちの日本語教科書である「倭学書」には、「消息《しようそく》」や『庭訓往来《ていきんおうらい》』『応永記』などが使用された（鄭光「訳学書研究の諸問題」『朝鮮学報』第一七〇輯、一九九九年）。

朝鮮王朝という国家のもとには、右のような多様な日本情報が集積されていたのである。このうち①〜④は、『朝鮮王朝実録』に所載されている。

そして使節の日本での体験や、旅行中に詠んだ漢詩を著作にまとめられた。それは、使節本人、または、後年に使節の子孫が編纂する場合がある。

そうした著作が、宋希璟『老松堂日本行録』や申叔舟『海東諸国紀』である。特に申叔舟の『海東諸国紀』は、朝鮮王朝が収集した日本情報を集大成したものである。

これに対して、中世の日本では、朝鮮や明、琉球などの海外情報は分散されたままで、国家に集積されることは、ほとんどなかった。明や朝鮮王朝との間の外交文書については、瑞渓周鳳《ずいけいしゅうほう》が『善隣国宝記《ぜんりんこくほうき》』を編纂している。同書は、田中健夫編『訳注日本史料』善隣国宝記・(新訂)続善隣国宝記(集英社、一九九五年)に収められている。

『朝鮮王朝実録』にみえる日本情報

『朝鮮王朝実録』所収の日本情報のうち、本書では、①の朝鮮王朝の使節の見聞を中心に扱い、④の漂流人の見聞を最後に紹介する。

①について、もう少し説明しておこう。

朝鮮使節は、正使・副使・書状官・従事官らによって構成される。従事官は、途中で見聞した事項を日記に記録していたと思われる。このことは、一四三九年に日本通信使を務めた高得宗《こうとくそう》《コトクジュ》が、出発前に国王に提出した事目の中で、途中見聞した事件については、従事官が日記に載録し、帰国後報告することを約束していることからうかがえる（『世宗実録』二一年七月己酉条）。この日記に基づき、朝鮮に帰国後、交渉経緯や日本事情を記した復命書を作成し、国王に提出した。

『朝鮮王朝実録』は、復命書がそのまま引用されている場合など、さまざまな「帰朝報告」を収録している。それには、次の三つのタイプがある。

（a）日本への使節が帰国後、交渉経緯や日本事情を文書で報告した復命書。

（b）帰国直後、もしくは時日を経過した後に、朝鮮国王との問答の中で、日本の事情を答えたもの。

（c）帰国後相当な年月がたってから、かつての日本渡航を想起して述べたもの（国王との問答の形をとっていないもの）。

「帰朝報告」を厳密に考えると、（a）の復命書のみになるが、（b）・（c）のケースも豊富な内容を含んでいるケースが多く、（a）と一括して考えてよいであろう。

『老松堂日本行録』と『海東諸国紀』の刊本

次に、個人の著作についてみておこう。

本書で検討する宋希璟の『老松堂日本行録』は、朝鮮や日本における彼の九ヵ月余りの見聞や行動を、五言・七言の漢詩と、散文の序という形式で記録したものである。朝鮮に復命後、これらをまとめて一書とした。

一五五六年以前に写された古写本が日本に伝わっている（井上周一郎所蔵、重要文化財）ほか、一八〇〇年に朝鮮で開刊された古活字本がある（京都大学附属図書館谷村文庫所蔵）。

このうち古活字本については、小川寿一氏によって『校注 老松堂日本行録』（太洋社、一九三三年。続群書類従完成会より一九六八年に再刊）として刊行された。『日本庶民生活資料集成』第二七巻、三国交流誌（三一書房、一九八一年）には、進藤晋一氏による古活字本の読み下しが収められた。井上本は、中村栄孝氏によって、影印が『朝鮮学報』第四五輯（一九六七年）・四六輯（一九六八年）に掲載された。

そして村井章介氏が、井上本をテキストとして、校注を加えた『老松堂日本行録—朝鮮使節の見た中世日本—』（岩波文庫、一九八七年）を刊行した。

本書では、この岩波文庫本（訂正・増補がなされた第三刷、二〇〇〇年）をもとに検討していく。岩波文庫本では、題・序・詩から成る一組を節と呼んでおり、本書ではどの節かを明示して、該当の箇所を紹介する。

また申叔舟『海東諸国紀』については、木活字本の影印本が、国書刊行会より一九七五年に刊行された。そして田中健夫氏による訳注が、一九九一年、岩波書店（岩波文庫）から刊行された。本書では、この岩波文庫本を使用する。

朝鮮では、個人の文集が数多く編纂され、その中には日本関係の詩や散文も多い。

文集

早くは、東京大学史料編纂所が『日本関係朝鮮史料』を編纂し、日本関係記事を収集している（米谷均「東大史料編纂所架蔵『日本関係朝鮮史料』」『古文書研究』第四八号、一九九八年）。

近年、韓国では、民族文化推進会編『韓国文集叢刊』（景仁文化社、一九九〇年〜）の刊行が進められている。同書は、韓国人の現存文集四〇〇〇余種の中から選ばれた六六〇余種を収めるというもので、既刊分は三四〇冊に達する。またインターネット（http://www.minchu.or.kr/itkc/Index.jsp）での検索が可能である。

同叢刊から、日本関係記事を収集したものに、須田牧子「漢文史料の収集分析と大日本史料について」（保谷徹代表科研報告書『前近代東アジアにおける日本関係史料の研究』東京大学史料編纂所、二〇〇七年）と、佐伯弘次代表科研報告書『朝鮮書籍から見た中世の日本と国際関係』（九州大学大学院人文科学研究院、二〇〇八年）の二つがある。前者は紙媒体、後者は電子媒体（ＣＤ）を付属する形で公開している。

それらの成果を踏まえた須田牧子「『韓国文集叢刊』に見る日本関係記事」（北島万次・孫承喆・橋本雄・村井章介編著『日朝交流と相克の歴史』校倉書房、二〇〇九年）は、『韓国文集叢刊』の日本関係記事の傾向と内容を紹介している。本書では、同叢刊を扱うことができなかったので、興味のある方はぜひともこの論文を参照していただきたい。

近世史研究においては、朝鮮通信使をはじめとする「外国人のみた日本」という視点からの研究が進んでいる。近年も、竹内誠監修、山本博文・大石学・磯田道史・岩下哲典『外国人が見た近世日本』（角川学芸出版、二〇〇九年）が刊行されている。

朝鮮人の日本観察に注目した諸研究

しかし中世史研究においては、こうした視点からの研究はあまり進んでいなかった。『老松堂日本行録』を紹介した三浦周行《みうらひろゆき》「老松堂日本行録を読む」（同『日本史の研究』第一輯、岩波書店、一九二二年）や、『朝鮮王朝実録』の復命書、とりわけ朴瑞生《ぼくずいせい パクソセ》の復命書（本書でも言及）に注目した秋山謙蔵「朝鮮使節の観たる中世日本の商業と海賊」（同『日支交渉史話』内外書籍、一九三五年）が、いち早い取り組みである。また中村栄孝「朝鮮世宗己亥の対馬征伐」（同『日鮮関係史の研究』上巻、吉川弘文館、一九六五年）は、応永の外寇《がいこう》の事実を明らかにする上で、『老松堂日本行録』を検討している。

その後は、田中健夫『中世対外関係史』（東京大学出版会、一九七五年）において、『老松堂日本行録』や尹仁甫《いんじんほ ユンインボ》の日本観（本書でも言及）に触れた他、概説書において『老松堂日本行録』の一部が使用されることはあったが、十分に活用されてはいなかった。

一九八七年、前述した村井章介氏による『老松堂日本行録』の校注本が刊行されたことをきっかけに、歴史学や考古学の研究者らによる同書の活用が進んだ。

村井章介・佐藤信・吉田伸之編『境界の日本史』（山川出版社、一九九七年）が、その一例である。前述した高橋公明「外国人の見た中世日本」を収める他にも、佐伯弘次「外国人が見た中世の博多」が、博多の景観と風俗、外国使節と博多住人の交流を論じている。また米谷均「異国を見た日本人と朝鮮人」は、異国に渡った日本人と朝鮮人の記録を比較し、異国を見るまなざしの相違を明らかにしている。仲尾宏氏の『前近代の日本と朝鮮』や『朝鮮通信使の足跡』においても、『老松堂日本行録』や復命書が利用されている。また佐伯弘次氏は、朝鮮使節の記録や漢詩から、対馬の情景を描いている（「国境の中世交渉史」網野善彦・大林太良・谷川健一・宮田登・森浩一編『海と列島文化』第三巻、小学館、一九九〇年、『対馬と海峡の中世史』山川出版社〈日本史リブレット〉、二〇〇八年）。

概説書をみると、今谷明『集英社版日本の歴史⑨　日本国王と土民』（集英社、一九九二年）では、「第二章　中国・朝鮮・琉球」の中に「2　老松堂の見た日本」という節を設け、応永の外寇と宋希璟の日本観察について言及している。『老松堂日本行録』の校注をした村井章介氏も『日本の中世10　分裂する王権と社会』（中央公論新社、二〇〇三年）において、同書を使用して、京都やその周辺を描写し、京都の寺院や尼崎の光景などを扱っている。安田次郎『日本の歴史七　走る悪党、蜂起する土民』（小学館、二〇〇八年）は、「第六章　合議と専制」の中に「宋希璟のみた日本」という節を設け、海賊や王部落（京都）、男色や遊女などの記事を詳しく紹介している。

また本シリーズにおいても、清水克行『大飢饉、室町社会を襲う!』（二〇〇八年）が、『老松堂日本行録』を巧みに利用して、飢饉に苦しむ室町社会を生き生きと描いている。

近年では、須田牧子「朝鮮使節・漂流民の日本・琉球観察」（荒野泰典・石井正敏・村井章介編『日本の対外関係4　倭寇と「日本国王」』吉川弘文館、二〇一〇年）が、朝鮮使節のみた日本や、漂流民のみた琉球・九州・中国西部とを考察している。従来あまり使われなかった史料にも注目し、「偽使」の実像にも迫っている。

応永の外寇

次に、『老松堂日本行録』を読んでいくにあたり、その背景となる応永の外寇、朝鮮では己亥《きがい》東征と呼ぶ事件について説明しておこう（中村栄孝「朝鮮世宗己亥の対馬征伐」、田中健夫『中世対外関係史』）。

事件の発端

日本や朝鮮王朝による倭寇禁圧策や、朝鮮王朝の倭寇懐柔策により、一五世紀初期の太宗朝の時代には、倭寇は沈静化していた。だが、一四一八年（応永二五年）、倭寇の禁圧に尽力した対馬守護の宗貞茂《さだしげ》が死去し、その子の都都熊丸《つつくままる》（のちの貞盛）は、まだ幼年であったため、島内の政治秩序は不安定さを増していた。一方、朝鮮王朝では、太宗に代わって世宗が王位を継承した。ただし上王の太宗が、譲位後も軍事権を掌握していた。

一四一九年五月、倭船五〇余艘が、忠清道庇仁県《チユンチヨンドピイン》の都豆音串《トドウムコツ》に突入し、兵船を焼くという事件などを引き起こした。この倭寇は、明をめざしたもので、六月、遼東《りょうとう》の望海堝《ぼうかいか》において、明軍と戦い、ほぼ全滅した。

この事件を契機として、太宗は、倭寇の巣窟または通過地とみなしていた対馬の勢力の討伐を計画した。太宗や大臣たちによる議論の結果、五月一四日、対馬への出兵が決定された（『世宗実録』元年五月戊午条）。

倭人の拘留と分置

朝鮮王朝は、事前に情報が漏れるのを恐れ、朝鮮に在留していた倭人を拘留した。その際、一箇所に集めるのではなく、各地に分けて拘留する分置という方針をとった。

六月四日の柳廷顕の報告によれば、慶尚道各浦に到泊していた倭人（主として客倭、使節）および販売倭人（商倭）を、水上では兵船、陸地では馬兵・歩兵により、ことごとく捕えて、各官に分置した。ただし九州探題の使節は対象から除外されている。朝鮮側は、九州探題の使節と、対馬などの倭人とを区別して、後者を拘留の対象としたのである。こうして慶尚道に三五五名、忠清道に二〇三名、江原道《カンウオンド》に三三名、総計五九一名が分置された。捕えられる際に殺された者や、海辺の諸島を捜索した際に水に投じて自殺した者が一三六名、被虜漢人が六名あったという（『世宗実録』元年六月丁丑条）。

六月九日、太宗は、中外への教書の中で、「対馬の島たるや、本これ我国の地たり。但し阻僻隘陋《そへきあいろう》をもって、倭奴の拠する所となすことを聴《ゆる》す」（読み下し）と述べている（『世宗実録』元年六月壬午条）。初めて朝鮮王朝が、対馬がかつて朝鮮領であったという認識を示したものであるが、これは、対馬東征を正当化する論理として創出されたものではないかと考えられる（関周一『中世日朝海域史の研究』吉川弘文館、二〇〇二年、同『対馬と倭寇』高志書院、二〇一二年）。

朝鮮軍の出征

朝鮮軍は六月一二日に乃而浦《ネイポ》、一九日には巨済島《コジェド》を出発して対馬に向かった。三軍都体察使李従茂《りじゅうも》《イジョンム》らの対馬島征討軍は、兵船二二七艘、総計一万七二八五人であった。

六月二〇日、十余艘がまず対馬島に至った。対馬の島民は、本島人が利を得て帰還したものと誤解し、酒肉を用意して待っていた。すると朝鮮の大軍が、浅茅《あそう》湾から入って尾崎《おさき》の豆地浦（土寄《つちより》）（現、対馬市美津島町土寄）に上陸した。島民は驚いて遁走したが、五〇余人が朝鮮軍を防ごうとして戦って敗走した。李従茂は、書を島主都都熊丸（宗貞盛）に送ったが、答書がなかった。そこで朝鮮軍は分かれて島内を捜索し、大小一二九艘の船を奪い、使用できるもの二〇艘を残して他を焼き払った。また一九三九戸の家を焼き、一一四の首級をあげ、二一人を捕虜にし、田上の穀物を刈った。倭寇に拉致された中国人（被虜中国人、被虜漢人）一三一人を獲得した。諸将は、彼ら中国人に質問し、対馬島内は飢饉が甚だしく食糧は乏しく、富者であっても一、二斗の食糧を持つにすぎないことを知った。船舶往来の要所である「訓乃串」（船越《ふなこし》）（現、対馬市美津島町小船越）に柵を築き、久しく駐留する意を示した（『世宗実録』元年六月庚寅・癸巳条）。

六月二六日、李従茂は尼老郡（仁位郡）に上陸したが、糠岳《ぬかだけ》の戦いに敗れる。宗貞盛からの停戦修好の要請に応じて朝鮮軍は撤退し、七月三日には巨済島に戻っている（『世宗実録』元年七月丙午条）。

巻土来降

朝鮮側の期待に反して、対馬への東征は十分な成果を上げることができなかった。再征が議論されたが、結局中止となり、招諭策に転じることになった。宗氏に対馬島民の「巻土来降」、すなわち宗氏をはじめとする島内領主層や、対馬島民を朝鮮に移住させることを要求し、それにより対馬の空島化を図ったのである。

太宗は、兵曹判書趙末生《ちょうまつせい》《チョマルセ》に命じて、対馬島守護宗貞盛あてに書契《しょけい》（日朝間で使用される外交文書の様式）を送り、「巻土来降」を求めたが、その中で「対馬の島たるや、慶尚道の鶏林に隷し、本これ我国の地なること、載せて文籍に在り、昭然考うべし」とある（『世宗実録』元年七月庚申条）。「鶏林」は慶州の雅名であり、対馬はもと慶尚道に属していたことが典籍に明らかであると述べている。

異国来襲の風聞

以上が応永の外寇の経緯であるが、醍醐《だいご》寺座主《ざす》満済《まんさい》『満済准后日記《じゅごうにっき》』や貞成親王《さだふさしんのう》『看聞日記《かんもんにっき》』などには、京都において、荒唐無稽な風聞が飛び交っていたことが記されている。

＊この点については、以下の研究で指摘されている。伊藤幸司「応永の外寇をめぐる怪異現象」(『日朝交流と相克の歴史』)、佐伯弘次「応永の外寇と東アジア」(『史淵』第一四七輯、二〇一〇年)、清水克行『大飢饉、室町社会を襲う!』、関周一「中世後期における『唐人』をめぐる意識」(田中健夫編『前近代の日本と東アジア』吉川弘文館、一九九五年)、同「『朝鮮王朝実録』の日本関係史料」(『日朝交流と相克の歴史』)、瀬田勝哉『洛中洛外の群像』(平凡社、一九九四年)、中村栄孝『日鮮関係史の研究』上巻、西山克「応永の外寇異聞」(『関西学院史学』第三一号、二〇〇四年)、村井章介「『老松堂日本行録』解説」(『老松堂日本行録』岩波文庫、『アジアのなかの中世日本』校倉書房、一九八八年に再録)。

朝鮮軍が対馬に侵攻するよりも前の五月二三日の時点で、「大唐国・南蛮・高麗等が日本に攻め来たる」という情報が「高麗」より伝えられたという風聞が広まっていた。このことを記した貞成親王は、「室町殿(足利義持)は、仰天するも、神国ゆえ何事あるか」として、神国意識が吐露されている(『看聞日記』応永二六年五月二三日条)。

そして「異国」が攻めてきた原因については、一四〇八年（応永一五）と一四一七年の二度にわたって来日した明の使節（「唐人」）を京都に入れずに追い返し、進物を請け取らなかったことにあるとみなされていた（中原康富《なかはらのやすとみ》『康富記』応永二六年六月一一日条）。将軍足利義持が、明との関係を断交したことが原因だというのである。この認識は、後述するように、『老松堂日本行録』にもみえる。

そして実際の戦闘が行われる中で、しだいに情報は誇張され、「大唐蜂起」（『看聞日記』応永二六年六月二五日条）、すなわち蒙古襲来の再現のように受け取られた。また「唐人」が薩摩に襲来し、国人《こくじん》と合戦し（事実ではない）、その「唐人」の中に「鬼形」の如き者がいるという情報が伝えられている（『看聞日記』応永二六年七月二十日条）。

また、諸社における怪異の風聞が頻出する。京都の「北野御霊」が西方を指して飛び、御殿の御戸が開いた（『看聞日記』応永二六年六月二九日条）。出雲大社では、震動が起こり、血が流れた。また西宮荒戎宮《にしのみやあらえびす》が震動し、軍兵数十騎が広田社より東方へ行った。その中に女騎の武者一人がいて、大将のようだった（同、応永二六年六月二五日条）。また尾張国の「熱田《あつた》社怪異」などの各地の神社の怪異が、京都に伝えられる（『満済准后日記』応永二六年七月一九日条）。「諸社の怪異驚き入るものなり」（『看聞日記』応永二六年六月二九日条）という状況にあった。

室町幕府への報告

それでは、応永の外寇は、室町幕府にどのように報告されたのだろうか。

七月一五日付の「探題持範《たんだいもちのり》注進状」なる偽文書が、京都に流布した（『看聞日記』応永二六年八月一三日条）。だが、持範なる人物はいない。この注進状は右でみた風聞を集大成したといえるもので、瀬田勝哉氏は、広田社よりの注進（報告）に符合しており、広田社が少弐氏の注進状の内容を改作し、自社独自の神威を強調した文章にしたてて、京中に撒いたものと想定している（瀬田勝哉『洛中洛外の群像』）。

一方、公式の報告書といえるものは、八月七日に京都に届いた「九州少弐方」（少弐満貞）からの注進状であり、将軍足利義持の御前において読みあげられた（『満済准后日記』応永二六年八月七日条）。「蒙古舟先陣五百余艘」が「対馬津」に押し寄せたが、生け捕った「異国大将」二人の「白状」によれば、そらはことごとく「高麗国者」という。「唐船二万余艘」は六月六日の「大風」により、帰還したか、もしくは過半は沈没したという。

ところでこの間、明使である「唐人」が来日した。この使節は、呂淵《ろえん》で、前年来日するも兵庫から追い返されている。一四一九年（応永二六）六月

明使の来航

二〇日、再度博多に入り、七月に兵庫に来着したのであった。

幕府は、兵庫に鹿苑院《ろくおんいん》の僧侶一人を下し、「唐使官人」の所持してきた国書の検討をさ

せている（『満済准后日記』応永二六年七月二三日）。牒状《ちょうじょう》の外にある「梵沐桐重」の四字札を、僧俗才人とも読解できなかった。結局、幕府は明使呂淵らを「帝都」（京都）には入れなかった（『看聞日記』応永二六年七月二四日条）。

日本国王使無涯亮倪

応永の外寇を受けて、日本側はどのように対応したのだろうか。実は『老松堂日本行録』跋語に、次のような経緯が記されている。

一四一九年（応永二六）、九州探題渋川満頼《しぶかわみつより》は、博多商人の宗金を京都に赴かせた。宗金は、将軍側近の陳外郎《ちんういろう》に対し、応永の外寇に関する事情をつぶさに告げ、陳外郎はこのことを将軍足利義持に言上した。義持は、少弐氏の誣告《ぶこく》（前述した少弐満貞の注進状）と異なっていたため戸惑ったが、使節の派遣を決定し、博多の妙楽寺居僧の無涯亮倪《むがいりょうげい》を正使、陳外郎の子平方吉久（博多商人）を副使とした。同年一一月、無涯亮倪らは、九州探題渋川義俊の使者とともに、都豆音串で倭寇に拉致された前司正の姜仁発《きょうじんはつ》《カンインパル》と、対馬島で捕虜になった甲士金定命《きんていめい》《キムチョンミョン》ら四人を率いて、富山浦（釜山浦）に到着した（『世宗実録』元年一一月庚申条）。一二月一七日、亮倪らは世宗に書契を進め、「釈典七千経」（大蔵経《だいぞうきょう》）を求めた。

『世宗実録』では、足利義持の父道義（義満）を明の皇帝が王に封じたが、義持は命を用いず、征夷大将軍を自称していること、そして日本の国人は義持を「御所」と呼んでいることを指摘し、それゆえ書契には「日本国源義持」とだけあり、王の字は無いとしている（『世宗実録』元年一二月丁亥条）。

　これ以降、足利将軍が朝鮮国王に送る書契（国書）では、「日本国源某《みなもとのなにがし》」と称することが定着し、江戸幕府にも継承される（高橋公明「外交称号、日本国源某」『名古屋大学文学部研究論集』史学第三八号、一九九二年）。

　一四二〇年正月六日、世宗は仁政殿に御し、群臣の朝賀を受けた。無涯亮倪も群臣に随伴し、西班従三品の列に序せられた。世宗は、通事尹仁甫《いんじんほ》《ユンインポ》に命じて、亮倪を昇殿させて引見し、その行程の苦労をねぎらい、通交の目的を尋ねた。亮倪は、大蔵経のみであると答えた。世宗は「大蔵経は我が国にとっても希有の物だが、一部を賜うことにしよう」と応じた。世宗はさらに申したいことはないかと尋ねたところ、亮倪は「未だ言語に尽くし難い」として、懐中から用意していた漢詩を取り出し進上した。世宗は、朝日両国の永久の通交を諭し、対馬征討の理由を告げた（『世宗実録』二年正月乙巳条）。

　閏正月六日、世宗は仁政殿に御して朝儀を行った。帰国する無涯亮倪と、九州探題渋川義俊の使者の僧正祐も朝列に加わった。朝儀の終了後、世宗は、亮倪と正祐を昇殿させてねぎらい、宦官に命じて料理の接待をさせた。正祐は文士にはなむけの詩を求めたので、世宗は文臣に詩を作らせて正祐に贈らせた（『世宗実録』二年閏正月乙亥条）。

宋希璟の派遣

そして同年閏正月十五日、世宗は、仁寧《インニヨン》府少尹宋希璟を、日本に報聘させることにした（『世宗実録』二年閏正月甲申条）。希璟らは、「日本国王使」無涯亮倪らと九州探題渋川義俊一行に同行して、日本の京都を目指すことになる。また対馬からは、都々熊丸（宗貞盛）の使者と称する時応界都《じおうかいと》が、朝鮮を訪れていた。時応界都は、対馬島民を巨済島に移住させ、朝鮮国内州郡の例により対馬の州名を定め、朝鮮から「印信」を賜ることなどを請願した（『世宗実録』二年閏正月己卯条）。

この請願を承けて、朝鮮側は対馬を朝鮮の属州とすることを決定した。閏正月二三日、世宗は礼曹判書許稠《きよちよう》《ホテイヨ》に命じて、都々熊丸への答書（書契）を作成させた。彼に与える印は、「宗氏都都熊丸」とすることに決まった（『世宗実録』二年閏正月壬辰条）。宋希璟は、この決定に基づいて、対馬側と交渉することになる。

このような経緯によって、日本国王使無涯亮倪らに対する回礼使として、宋希璟《きけい》《ヒギヨン》は日本に派遣されることになったのである。

宋希璟

改めて、宋希璟（一三七六〜一四四六年）について紹介しておこう（村井章介「『老松堂日本行録』解説」など）。

諱《いみな》は希璟、字《あざな》は正夫《せいふ》《チヨンブ》、老松堂《ろうしようどう》《ノソンダン》と号す。「璟」は玉の光という意で日本音は、えい、よう、けい、きょうがある。高麗朝末期の一三七六年、公洪道《コンホン》（現在の忠清道）連山《ヨンサン》県竹安《チユガン》坊筠亭《キュンジュン》里に生まれる。父は玄徳《げんとく》《ヒョンドク》、本貫は新平《シンピョン》（忠清道洪州牧の属県）。妻の鄭《てい》《チョン》氏は、東萊《トンネ》鄭氏允孝《いんこう》《ヨンフ》の娘である。

一四〇二年、二七歳のとき科挙《かきょ》に及第し、以後司諫《しかん》院・芸文館などの職を歴任した。一四一一年、三六歳の時、聖節書状官として明へ派遣され、その後も、一四一七年、明に派遣されて、北京から戻っている。一四一五年、四〇歳の時、忠清道《チュンチョンド》の知錦山《クムサン》郡事であった希璟は、丁香《ちょうこう》と乾肉を太宗に献上する目的で狩猟を催した際、獣を私しようとした二人の郡吏を杖《じょう》して殺してしまい、杖一百という刑を言い渡されている。翌年、郡吏は病死だったと弁明したものの通らずに職牒は没収され、杖一百に相当する贖《しょく》が徴収された。晩年は、全羅道《チョルラド》の潭陽《タミヤン》に隠退し、一四四六年、七一歳で死去した。

『老松堂日本行録』往路を読む

朝鮮を出発

漢城を出発

それでは、宋希璟《そうきけい》《ソンヒギヨン》の『老松堂日本行録《ろうしようどうにほんこうろく》』を読んでいくことにしよう。

『老松堂日本行録』跋語《ばつご》によれば、回礼使《かいれいし》に任ずる命を受けた日、世宗は便殿《べんでん》（王が休息する別殿）に希璟を召し入れ、希璟に対して「他国へ行くにあたっては、詩を作らなければならない」、従事官の孔達《こうたつ》に対しては、「他国へ行くにあたっては、書を書かなければならない」と命じた。そのため希璟は、漢城（漢陽、ソウル）を出発してから復命の時に至るまで、浅陋《せんろう》をはからず、耳目に接するものがあれば、皆記してこれを詩としたという。

『老松堂日本行録』の記事を見ると、回礼使宋希璟一行には、通事《つうじ》として尹仁甫《いんじんほ》《ユンインボ》、従事官として孔達《こうたつ》《コンタル》らが加わっていた。

『老松堂日本行録』の本文は、宋希璟が一四二〇年（応永二七）閏正月一五日、都の漢城を出発するところから始まる。世宗から、日本への回礼を命じられた宋希璟は、「是の月十五日命を受けて京を発する路上の即時」（即時は、その場のできごとや景色を述べること）として、次の詩を詠んだ。

　特に綸音（国王の命）を奉じて漢陽を出づ　馬頭の佳致柳初めて黄なり　此を去る
　忩々《そうそう》にして人識《し》ること未だし　好し王語を伝えて明光（朝鮮の宮廷）に奏せん
（一節）

釜山までの行程

希璟一行は、利川《イチヨン》、安平《アンピヨン》駅、可興《カフン》駅、忠州《チユンジユ》、聞慶《ムンギヨン》館、幽谷《ユゴツク》駅、徳通《トクトン》駅、善山《ソンヤン》館、星州《ソンジユ》、清道《チヨンド》館、密陽《ミリヤン》館、金谷《クムゴク》駅を経由した。途中、それぞれの地方官と交流し、漢詩を詠み合っている。

聞慶館に宿した折には、無涯亮倪《むがいりようげい》が柳を詠じた漢詩の脚韻を踏んで、詩を詠んでいる（六節）。この行為を「韻に次す」といい、これ以後、希璟はしばしば行っている。

善山駅では、九州探題《きゆうしゆうたんだい》の使送客人（使節）に宴席を設けたところ、客人は酔って歌を唄い、舞を舞った（一〇節）。

二月三日、薺浦《チエポ》から船に乗り、金海府《キメ》（金海館）に宿した。二月五日、金海府を出発し、東萊館《トンネ》に入り、しばらく滞在する。東萊府は、富山浦《プサンポ》（釜山浦）の北に位置し、富山浦を

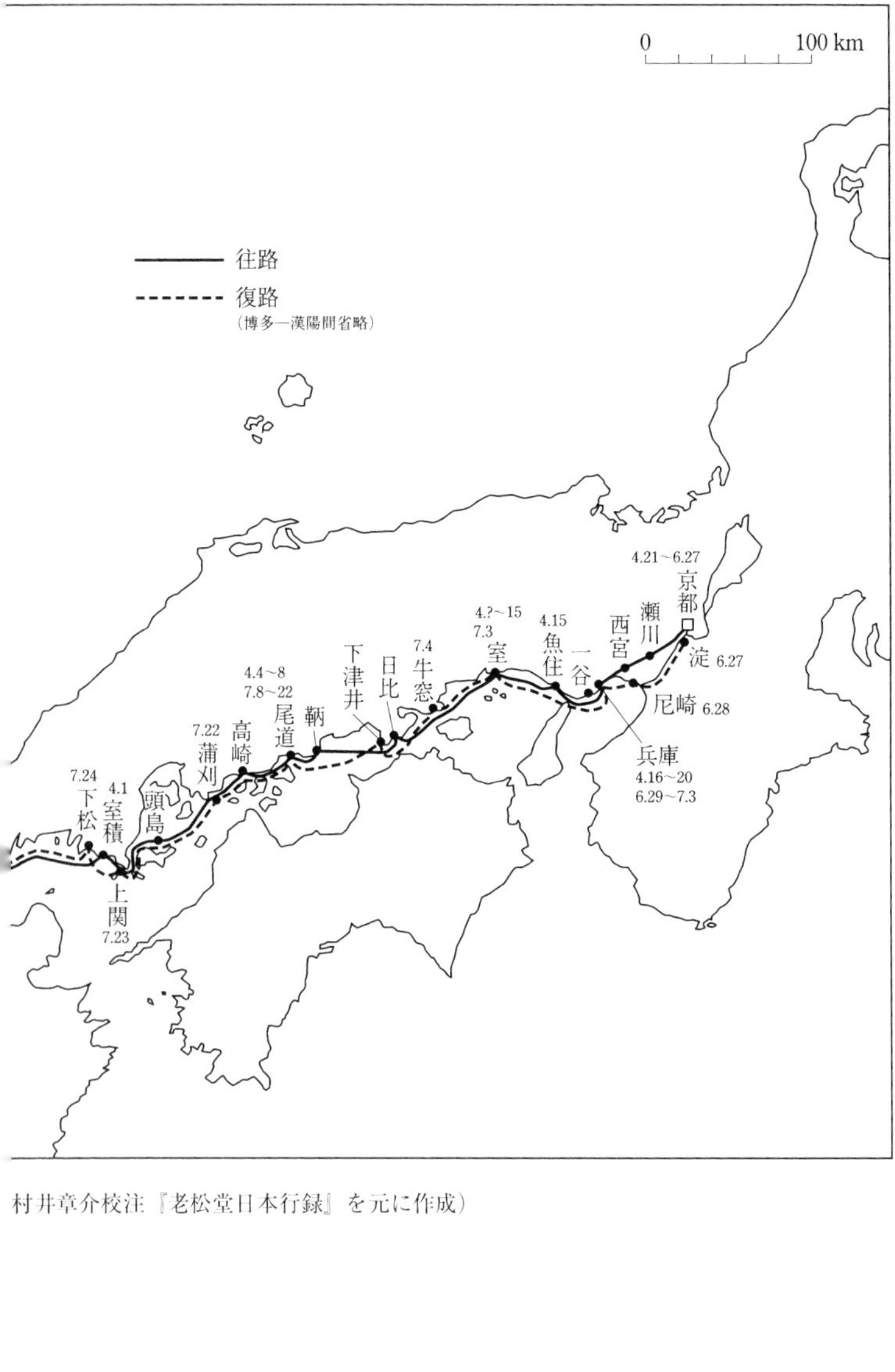

村井章介校注『老松堂日本行録』を元に作成）

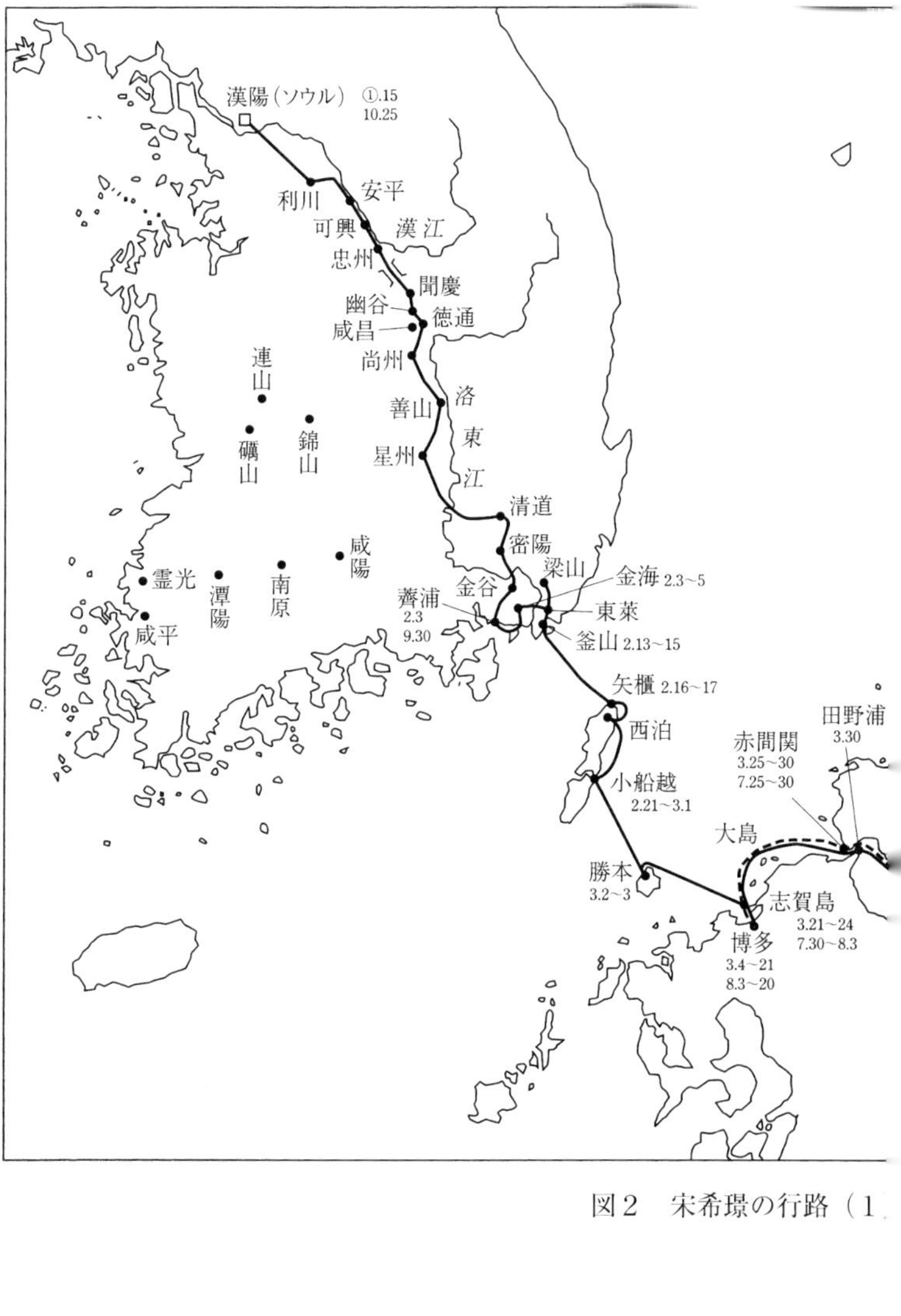

漢陽(ソウル) ①.15
10.25
利川
安平
可興
漢江
忠州
聞慶
幽谷
徳通
咸昌
尚州
連山
洛
東
江
善山
礪山
錦山
星州
清道
密陽
咸陽
梁山
霊光
潭陽
南原
金谷
金海 2.3~5
薺浦
2.3
9.30
東莱
咸平
釜山 2.13~15
矢櫃 2.16~17
西泊
田野浦
3.30
赤間関
3.25~30
7.25~30
小船越
2.21~3.1
大島
勝本
3.2~3
志賀島
3.21~24
7.30~8.3
博多
3.4~21
8.3~20

図2　宋希璟の行路（1

管轄する。東萊は、「温井《おんせい》」すなわち温泉のあることで知られる（二二節）。温井の孫可興《そんかこう》《ソンカフン》は、「小娥」（娥は美人のこと）に歌舞させた（二三節）。

釜　山

希璟一行は、梁山《リヤンサン》の東平館を経て、富山浦に到った。

二月一三日、慶尚道観察使李潑《りはつ》《イバル》が、上命を受けて富山浦に来て宴を開き、日本使僧（無涯亮倪）と回礼使（宋希璟）をもてなした。この時、宋希璟は、無涯亮倪の韻に次し、次の詩を詠んだ。

文明なる聖主仁心を視《しめ》す　何を用て区々泪《なみだ》襟を湿《ぬら》さんや　一月の淹留に情は繾綣《けんけん》たり（情が厚い）　文を論ずるは必ずしも旧き知音のみならんや　（二九節）

二月一五日、宋希璟一行は、富山浦から船に乗り、草梁《チヨリヤン》に到り、日没になった。日本船と同宿した（三〇節）。草梁は、釜山《プサン》市の南の東区草梁洞にあたる。竜頭山《ヨンドサン》を含めて、江戸時代（一六七八～一八七三年）に倭館《わかん》が置かれたところである。東西四〇〇間（約七〇〇メートル）、南北二五〇間（約四五〇メートル）、約一〇万坪（三三万平方メートル）の規模をほこり、対馬藩の役人や商人らが常時五〇〇名ほど滞在していた（田代和生『新・倭館―鎖国時代の日本人町―』ゆまに学芸選書、二〇一一年）。

対馬と壱岐

対馬島に到る

二月一六日の暁、宋希璟の船は櫓をこいで、石城浦《ソクソンポ》に到った。辰《たつ》の刻の末（午前九時頃）に、外洋へ乗り出した（三〇節）。内海では、櫓《ろ》で漕ぎ、外洋では、帆走する方式をとっていた。

しばらく風がなく、皆慮っていたところ、たちまち名の知らぬ黄小雀一双が飛んできて、帆席をめぐった。雀が帆に止まれば風はなく、飛んで鳴いていると風が吹いた。このようなことを十余度繰り返した後、順風になり、船は快調に進んだ。周囲を見回すと、茫々《ぼうぼう》（広々としてはるかなるさま。特に、水面が遠く広がる湖や海のさま）としており、雀は戻ってこなかった（三一節）。

申《さる》の刻の末（午後五時頃）に対馬島北面の矢櫃《やびつ》（現、対馬市上対馬町矢櫃）に到り、船を停泊した。順風で対馬島（日本）に渡ることができ、上下皆喜んだ。希璟は、二首を詠み、そのうちの一首は次の通りである。

富山下に片帆張り汹湧《きょうゆう》（波の逆巻く様）たる波濤に渺茫《びょうぼう》を望む　忽《たちま》ち長風ありて吹送疾《はや》し　舷に憑《よ》れば瞬息にして扶桑（日本）に到る　（三〇節）

二月一七日、風に阻まれ、無涯亮倪とともに船を下りて、漢詩を二首読んだ。二首目には、「朝鮮日本一家の春」ということばを入れている。このことばは、己亥《きがい》東征（応永《おうえい》の外寇《がいこう》）の後、対馬の人が慶尚道に属することを願い、世宗がこれを許したことだという説明を付している（三二節）。前述した宗貞盛《そうさだもり》の使者と称する時応界都《じおうかいと》との交渉を踏まえたものである。

対馬―船上から見た光景

この日、一行は西泊《にしどまり》（現、対馬市上対馬町西泊）に向かった。先に無涯亮倪の船が、西泊に入り、船主（船長）が無涯亮倪を送った。無涯亮倪は、二つの小船を用意し、宋希璟の船を牽いて西泊に入らせた。ここで宋希璟は、西泊に留泊して風を待っている時に詠んだ八首を『老松堂日本行録』に載せている。その一首目で、希璟の船を「楼船」と表現しており、船上にやぐらを設けた大型船であることをうかがわせる（三三節）。

そして八首の後半五首は、「舟中雑詠五首」として、西泊に到るまでの船上で詠んだ漢詩を載せている（三六節）。そこには、対馬の情景が詠まれている。

人居

縁涯に見るを得たり両三家　片々たる山田に麦華《はな》を発《ひら》く　那《な》んぞ識《し》らんや朝鮮千万里
春風処々桑麻に富めるを

海に面した縁涯に人家が二、三軒あり、崖の斜面を利用した片々とした「山田」に麦が花を開いている様子を詠んでいる。この情景と、朝鮮の春に桑や麻が豊かに実っている様子を対比させている。

漁舟

子は短棹を揺《ゆ》りて波頭を逐い　父は踈筌《そせん》を執りて放収を急ぐ　中に炊嫗の兼《また》子を抱く
あり　魚を捕え賊を行う一扁舟

筌はうえ、うけのことで、川の流れなどに仕掛けて魚を捕る道具で、割り竹をかご状に編み、はいった魚が出られないようにしたものである。

この詩は、対馬の漁民（海民）の家族を詠んだものだが、それを「魚を捕え賊を行う一扁舟」と表現していることから、対馬の海民＝海賊（倭寇）という先入観を、希璟が持っていたことがわかる。

対馬の被虜唐人

次に、宋希璟は「唐人」と題した詩を詠んでいる。

希璟の船を見て、一人の倭人（老人）が近づいてきた。その倭人は、小舟に乗って魚を捕えて生活しており、希璟一行に魚を売ろうとした。希璟が舟の中を見ると、一人の僧侶がおり、跪《ひざまづ》いて食糧を乞うた。希璟は、食糧を与え、僧侶の境遇について尋ねた。僧侶は、「自分は中国江南台州の小旗であるが、二年前（一四一八年）に捕えられ、ここに来て、髪を削られて奴となった。辛苦に耐えないので、自分を連れていってくれ」と答え、涙を流した。倭人は、「米を自分にくれるなら、この僧を売ろう」と話をもちかける。希璟は、僧に対し、この島での居住地の地名を尋ねると、僧は「自分は転売され、この倭人に随って二年になるが、このように海に浮かんで暮らしているので、地名を知らないのだ」と、答えた。こうしたやりとりを踏まえて、希璟は、次のように詩を詠んだ。

被虜の唐僧舟底に跪き　哀々と食を乞い艱辛《かんしん》を訴う　筌《うえ》を執る老賊は頭を回《めぐ》らして語る　米を給わらば吾れまさに此の人を売るべし

被虜唐僧の哀感を誘う境遇と、倭人の「老賊」とが、生々しく対照的に描かれている。川越泰博氏によれば、「小旗」は、明の軍制上のポストである。当時、明は衛所制度をとっていたが、一小旗は兵士一〇人を率いていた。したがって、この「唐人」は台州衛に属していた軍人ということになる。そして一四一八年には、金山衛とその周辺を倭寇が襲撃しており（明『太宗実録』永楽一六年五月癸丑条）、その際に捕虜になったものと川越氏は推定している（川越泰博『明代異国情報の研究』汲古書院、一九九九年）。したがって、この被虜唐僧は、台州衛の小旗が、一四一八年の倭寇侵攻の時に捕えられ、転売されたものである。

彼は、漁師に囚われ、漁を手助けしているとみられる。そして「奴」になる際、髪を削られ、僧体になっている。また彼を使役する漁師は、海に浮かんで（船上で）生活している。そして米との交換で、彼を売ろうとしていた。

ここでは、被虜人は、海上の漁業活動に使役されている「奴」であったのである。僧体であることが、彼の身分を表している。また米と交換で転売される可能性があり、その点から商品であったといえる。そして被虜人を使役する者は、海上に生活する漁民（海民）であった（関周一『中世日朝海域史の研究』）。

己亥東征の爪痕

次の「尼語」では、次のような序を記している。

宋希璟は、涯《きし》の上に建物があるのを見た。通事の尹仁輔は、「これは、尼舎です」と告げた。そこで宋希璟は、尼舎を訪れて、尼に会った。尼は、仁輔とは旧知の間柄であった。尼は、仁輔に対して「今官人（宋希璟）に従って来られたのは、どういうわけがあるのですか」と尋ねた。仁輔は、「日本からの使節への回礼です」と説明した。尼は、喜んで「それでしたら太平の使です。我らも生きることができます」と言った。希璟は、次の詩を詠んだ。ちなみに自らを中国の使節を指す「天使」と称している。

草舎の残尼は通事と遇い　回礼と驚き聞きて自ら情を陳ぶ　去年上国行兵の後　天使今来り再生を喜ぶと

最後の「空寺」では、次のように説明している。倭人が、「この寺の主僧（住持）は、去年（一四一九年〈応永二六〉）朝鮮に行ったところ、捕虜となり還《かえ》ってきていない」と話した。応永の外寇の直前、朝鮮王朝は、滞在していた対馬島民を捉えた。この寺の住持《じゅうじ》も、その一人であった。

この「空寺」は、西泊の西福寺のことで、元の普寧《ふねい》寺版大般若経が所蔵されている。この経典の奥書には、高麗の趙璉《ちょうれん》《チヨリヨン》が、普寧寺に注文して印刷させたという墨書の施入記《せにゅうき》があり、また次のように記載されている。

対馬州豊崎郡西泊富嶽山西福寺常住
檀越《だんおつ》宗刑部少輔貞茂
勧進僧　宗益
住持毘丘　慶珣
安置之

この経典は、檀越の宗貞茂《さだしげ》らによって奉納されたことがわかる。西福寺の住持は慶珣《けいじゅん》であったのだが、朝鮮に抑留されてしまったのである。その後、一四二五年（応永三二）、足利義持が派遣した日本国王使中兌《ちゅうだ》が、朝鮮側と交渉し、一四名の倭人が返還されることになった。その中に、「対馬西泊人慶珣」の名がみえる（『世宗実録』七年五月庚午条。佐伯弘次「国境の中世交渉史」）。

早田左衛門大郎との交渉

二月二十日、宋希璟一行は、浅茅《あそう》湾東側の小船越の湾口の近くの住吉（現、対馬市鴨居瀬の小字）に停泊した。

この地は、早田《そうだ》左衛門大郎（太郎）の拠点であった。早田左衛門大郎は、もと倭寇の頭目で、朝鮮王朝の成立後、朝鮮に帰順した。早田一族は、浅茅湾の東西をおさえており、西側の尾崎と東側の船越（小船越）に一族が盤踞《ばんきょ》していた。

希璟は、この日の出来事を記した「礼曹に上《たてまつ》る文」、すなわち帰国後礼曹に提出する復命書を引用している。その内容は、以下の通りである。

己亥東征の後であるため、倭らは宋希璟の船を見て危惧の念を持っていた。無涯亮倪が先に船越（現、対馬市美津島町小船越）に入り、説得した。希璟は、船を停泊し、押物《おうぶつ》の金元《きんげん》《キムウォン》を遣して米を早田左衛門大郎と、都々熊丸《つつくまる》（宗貞盛）の母と代官に送り、好意を示した。住吉の地に宿していると、夜半呼ぶ者がいる。尋ねたところ、早田左衛門大郎（「早田万戸」）であり、乗船を請うた。希璟は、乗船を許した。左衛門大郎

が、魚酒を呈したので、宋希璟は酒を飲むことを許した。（三八節）

希璟は、この時の様子を次のように詠んでいる。

夜深く呼《よびごえ》急にして船中に上れば　酒桶魚盤は竹篷に列《なら》びたり　語音異なりと雖も　屢《しばしば》爵《さかずき》を呈す　嗜欲はなんすれぞ自ら同じからざらん　（三七節）

復命書の記述に戻ろう。希璟は、去年の朝鮮の対馬出兵（己亥東征）と上意（国王の意向）を説明した。

左衛門大郎は、感激して、「我らの朝鮮への使送の人（使節）は、未だ帰ってきておりません。したがって当時（東征の時）の防御を解けないでいます。今官人のことばを聞いて、我が輩ははじめて寝食に安んじ、また家舎を初めて造成できます。さきごろこの島（対馬島）の悖逆《はいぎやく》の人が上国（明）に侵犯し、一つに都々熊丸を欺き、二つに上天（明）を欺き、また殿下（朝鮮国王世宗）を欺きました。天はこれを厭《いと》っております。このような人は、どうして久しく安んじることができましょうか。その類は今既にことごとく滅びました。去年の出兵の時、天討は理にかなうため、吾は一箭《ひとや》も放ちませんでした。また人のその汲道（水を汲みに通う道）を絶とうとする者があるのを見て、吾はこれを止めて『汝は汲道を絶ったとしても、どうして天兵をそこなうことがあろうか』と言いました。吾はこのようなことのみで、他心はありません」

と言った。

　希璟は「汝の言葉は、もっともです」と応じた。左衛門大郎は、その夜、還っていった。

希璟は、復命書の末尾において、対馬の事情について次のように述べている。

　早田左衛門大郎は、去年の対馬出兵によって家産が蕩尽《とうじん》してしまったが、今一言もこれに触れることはなかった。国家（朝鮮）に対する言葉は皆誠にして、吾を接待するの厚なるを見る。都々熊丸（宗貞盛）と宗俊は、前年に九州に入っていて、未だ還っていない。未だその理由を知らない。この島の倭奴は、青菜のような飢えた青白い顔色の者ばかりいる。飢饉があったことは確実である。（三八節）

都々熊丸（宗貞盛）と宗俊は、宗家の主家にあたる少弐満貞の庇護のもとに九州に居住していた。そのため早田左衛門大郎が対馬側を代表して宋希璟と交渉したのである。夜の面会ゆえ、非公式な会談という印象を与えるが、実質的にはこれが希璟と対馬側との正式な交渉である。左衛門大郎は、朝鮮側の論理を受容して関係の改善を図ろうとしているのである。

再び早田左衛門大郎との交渉

二月二一日、対馬島の東面である船越（小船越）に到泊した。早田左衛門大郎がまたやって来て、酒を呈した。朝鮮に対する言語は至誠であった。希璟は、「慕義《ぼぎ》の語言は皆理に合《かな》い、渠《かれ》（早田左衛門大郎）もまた是れ一純臣なるを知る」という詩を詠んでいる（三九節）。希璟は、無涯亮倪から魚や酒を贈られ、それに謝する漢詩を詠む（四一節）など、風雨のため島内に滞在している間、亮倪との間で漢詩を応酬している（四〇～四四節）。

二月二八日、早田左衛門大郎の態度がこれまでと一変する。彼の朝鮮に送った使節が戻ってくると、孔達・仁輔に請願して、「朝鮮は去年対馬に出兵し、また前日届いた朝鮮の書に、対馬島を慶尚道に属するということが書いてあります。この島は、少弐殿相伝の地であります。少弐殿がもしこれを聞けば、百戦百死するといえども、これを争ってやまないでしょう」と抗議した。そして希璟の船に来て、「この書を少弐殿が見れば、官人が去るか留まるかについて決めることはできません。少弐殿に送るか、ここに置いて少弐殿に知らせないでおくかについて、官人がお決め下さい」と告げた。この書は、礼曹から都々熊丸にあてた文書である。

希璟は、「この島（対馬島）は、我が国が得たとしても居することはなく、その人を得たとしても用いる所がありません。ただ汝らが送ってきた人（時応界都）が我が国に属することを願い、このことを言ってやみませんでした。そのため上《じょう》（世宗）は、議政府と六曹を召して、『馬島（対馬島）の人は、その島を国家（朝鮮王朝）に属することを願っている。若し許さなければ、不仁になる。したがって馬島を慶尚道に属させるだけである』とおっしゃいました。今日聞いた汝らの意向を上がもしお知りになったのならば、必ずしも馬島を慶尚道に属させるということはしないでしょう。予はこのことを上前に申しあげましょう」と答えた。

左衛門大郎は喜んで、「そのようなことでしたら、この書を私は隠して置き、少弐殿には知らせないでおきます。また我が船を出して朝鮮に送れば、必ず事なくすみましょう」と応じた。希璟は、そのことを許した。こうして翌日希璟らは、出発することになった。

希璟は、次のような判断を加えている。

朝鮮の対馬出兵の後、左衛門大郎らが「本国」（朝鮮）に送ってきた倭らは、あるいは死を畏れ、あるいは拘留されることを疑い、死を免れて帰国しようと望み、対馬島を朝鮮に属させ、朝鮮の民となることを願った。そのため仮にこのことを言っただけで、少弐殿や左衛門大郎の言ではない。

そして次の詩を詠んだ。

瘠地《せきち》（やせた土地）の頑民は用うる所なし　古来中国は寒胡（おろかなえびす）を厭《いと》う　渠《かれ》

いま義を慕い自ら属するを求めたり　是れ朝鮮の強いて籍図するにあらず（四六節）

左衛門大郎の主張の根拠は、対馬島が少弐殿相伝の地であるという点にある。対馬は、武士が代々相伝した所領であるという国内の論理に基づいており、この地が日本の一部であるという対外的な主張ではない。鎌倉時代、対馬の守護・地頭に任じられたのは、武藤氏であった。武藤氏は、大宰少弐を世襲したので、少弐氏ともいう。宗氏は、少弐氏の地頭代として島内に住み、島政を担っていた。左衛門大郎の主張をみる限り、依然少弐氏の対馬に対する影響力が強いことをうかがわせる。

希璟は、このような左衛門大郎の主張を受け入れ、帰国後、対馬を慶尚道に属させるという決定を撤回することを、世宗に上申することを約束した。そして時応界都の提案が、対馬を代表する少弐満貞や左衛門大郎の言ではないと判断した。

壱岐島に向かう

風雨に阻まれ、宋希璟一行は一〇日ほど小船越に留まった。三月一日、雨が晴れて、風がよくなったので、巳《み》の時（午前一〇時ごろ）、出発し、壱岐《いき》島に向かって大洋に入った。ところが風もなく、未だ島につかないうちに、日が没した。天は暗く、あたりをみまわしても茫々としてどこに行くのかわからない。乗員は、宋希璟に指示を求めた。希璟は、「大洋には、停泊する所はないのだから、暁になるまで船を進めよ」と指示をした。まもなく島が見えたものの、暗いため、未だどの地のものかわからない。船が島に近づくと、浦があったため、浦口に船を停泊させた。船は波のため、大きく揺れ、転覆するかのようであった。従事官の孔達、通事の尹仁甫および船中の人は、みな恍惚として、人のことを省みる余裕はなかった。

対馬の矢櫃《やびつ》に停泊した折に、無涯亮倪は、博多の倭人表三甫羅（兵衛三郎か）を宋希璟のもとへ送り、賊変に備えさせていた。希璟は、彼を乗船させていた。これは、海賊に対処できる人物を乗せて、航海の安全を図る上乗《うわのり》という慣行である（橋本雄『中華幻想』勉誠出版、二〇一一年）。この上乗は、後述するような海賊を乗せるケースがよく知られている。

この夜、希璟は、表三甫羅と船上に座していた。希璟は、波による激しい揺れのため座しがたく、横縄を握っていた。船に随い上下し、終夜苦労した。「東方は、まもなく夜が明けるぞ」との声がした。宋希璟は、驚喜し、人に示《み》させたところ、壱岐島であった。宋希璟は、「夜を徹して辛苦、暁に到りて生を得たり」と述べている（四七節）。

壱岐―勝本

宋希璟らは、三月二日の夜明け、壱岐島の勝本《かざもと》（現、壱岐市勝本町《かつもと》）に入った。勝本は、壱岐島北端に位置する港である。一六世紀末には、豊臣秀吉が「唐入り」のための朝鮮出兵の基地として、勝本城が築かれた。

小船三艘が、港の口から宋希璟らの船に迫ってきた。それは、箭《や》のような早さであった（「疾《はや》きこと、箭の如し」）。一行は、船の人々は、海賊であるとして、鼓を撃ち、旗を張り、甲を被った（四八節）。希璟らは、「速度が早い船は、海賊船である」という認識を持っていたことがわかり、ここにも海賊を畏怖する気持ちが表れている。

しかし船員に尋ねてみると、博多商人の陳吉久《ちんよしひさ》（平方《ひらかた》吉久）が、宋希璟一行を迎えるために送ってきた船であった（四八節）。吉久は、前年、無涯亮倪とともに、日本国王の副使として朝鮮に渡り、宋希璟一行を先導してきた。

吉久の祖父陳延祐《えんゆう》は、中国台州の人で、元末に江州に拠って自立した陳友諒《ゆうりよう》の宗族であるという。友諒が朱元璋《しゆげんしよう》に伐たれて後、二主に仕えるのを恥じて、博多に渡来し、聖福寺の僧となり、台山宗敬と号した。その子（吉久の父）の大年宗寿（陳外郎《ちんういろう》）は、足利《あしかが》義満《よしみつ》の招きにより入洛し、一四〇四年（応永一一）の遣明船《けんみんせん》で渡航したとされる。足利義満・義持《よしもち》に仕えて、外国使節の接待役や典医を務めた。彼が中国からもたらしたという霊宝丹が、透頂香《とうちんこう》である。

勝本の港口は、二つの潮流がぶつかり合う難所で、一三九九年に派遣された日本回礼使崔云嗣《さいうんし》《チエウンサ》を乗せた船が沈没したところであった。今回は、三艘の小船が、希璟の船を牽いたため、難所を無事通過し、入港することができた。

勝本に停泊した希璟は、孔達とともに、生きて上陸することができたことを喜び、感極まって涙を流した。その時、一人の倭人が、一対の酒樽を呈した。その倭人の言によれば、勝本に留まり、宋希璟に酒とあひるを進呈するようにとの平方吉久の指示を受けていた。前述したように、朝鮮王朝は己亥東征の直前に、倭人を拘留している。この倭人もその一人であったものの、「上恩」（朝鮮国王の恩）を蒙って許され、故郷に帰り、母に会うことができたと、宋希璟に話している（四八節）。

勝本の港口の西に島があり、その水辺に、石で龕が作られていた。宋希璟が人に尋ねたところ、回礼使崔云嗣の祠《ほこら》だという。その事由を尋ねると、次のように説明された。崔云嗣は、上船の日から、一行の過ちを糺したり、あげつらったりしていた。そのため船員たちは、云嗣を恨んでいた。勝本の口に到った時は日没の時刻であり、逆風と激しい波にあい、船は難破してしまった。その時、云嗣は、船酔いして臥せっていたが、乗船していた船軍や伴従の人は、誰一人として云嗣を救おうとはしなかった。船員はみな無事だったものの、云嗣が唯一の死亡者となった。その後、壱岐島の倭人が、この水辺に龕を作り、「朝鮮国回礼使の祠」と呼ぶようになったという。船に乗って往来する人は、皆この祠を祭っているということであった。このことを聞いた宋希璟は、云嗣をいたみ、押物金元に、祠に酒飯を備えて祭らせた。希璟は、次の詩を詠んだ。

東溟の孤島に小祠開く　我れ到りて香を焚《た》き一杯を奠《そな》う　寂寞として忠心を人問わず
驚濤忿《いか》りを含みて暮朝回《かえ》る（朝に暮に潮が引く）　（四九節）

博多での滞在

三月三日の朝は、晴天になった。宋希璟一行は、壱岐を出発し、船は順風のため快調に進み、皆喜んだ（五一節）。

志賀島

博多湾に入ると、一艘の小船が近づいてきたのが見えた。さらに望むと、乗船した人は皆甲《よろい》を被《かぶ》っていた。船員たちは、「これは海賊だ」と言い、皆甲を被り、旗を張り、鼓を鳴らした。希璟も甲を被った。その船が近づいてくると、先に博多に入っていた無涯亮倪が、希璟一行を迎えるために、送ってきた船であった。船員は皆これを喜んだ。その船もまた海賊を畏れ、戦具を備えてきたのであった。この船に同行して、志賀島《しか》（「朴加大西面」と位置を記している）に入り停泊した。夜、無涯亮倪は、九州探題渋川義俊《しぶかわよしとし》の代官である伊東殿と、探題に親しい平方吉久とともに、小船に乗り酒二桶を載せて訪れてきた。

亮倪は、船中から燈籠を取ってきた。希璟は、「三人酒を載せ訪迎し来る」と詩に詠んでいる（五二節）。

志賀島は、博多湾口に位置し、陸から延びた海《うみ》の中道《なかみち》とつながり、博多湾と玄界灘とを区切る陸繋島である。江戸時代、「漢委奴国王《かんのわのなこくおう》」の金印が発見された。

博多に入る

三月四日早朝、志賀島より博多に入り、下船した。これ以降の記述は、一五世紀前半の博多を知る上で貴重な記述である（佐伯弘次「外国人が見た中世の博多」）。

無涯亮倪と代官たちは、海辺に出て希璟らを迎え、鞍馬《あんば》（鞍をおいた馬）を持ってきた。希璟は、人に命じて馬に自分の鞍を着けさせようとしたが、亮倪が、日本の鞍に乗って試すことを勧めたので、希璟はそれを許し、その鞍馬に乗った。倭人が、左右に分かれて馬を牽き、また朝鮮の螺匠《らしよう》（法螺貝の吹き手）四人も左右に分かれて進み、その後ろを、担交床（交床を担いで供する軍卒）一人がついて行った。宋希璟は、頂玉（三品以上の官吏が笠につける玉製の飾り）・玉纓《ぎよくえい》（三品以上の官吏が付ける、玉を貫いて綴った冠の紐）の笠をかぶり、轡《たづな》をもって、おもむろに進んでいった。老若男女から僧尼に至るまで、路をうずめて、希璟らの行列を見物していた（五三節）。希璟らの渡来は、博多の住人の熱狂的な関心をよんだのである。

希璟が訪れた頃の博多は、九州探題渋川義俊の支配下にあった。義俊は、博多の道路を清掃させ、「溝巷」に土をかぶせて覆っていた（五三節）。

博多では、一九七七年以降、三〇年以上にわたって、福岡市教育委員会による発掘調査が続けられている。この記事について、佐藤一郎氏は、①第四〇次調査第二面道路（一五世紀）に伴う横板と矢板による土留めが施された側溝でみられたような掘り直しや修復の作業を示している、または②「溝巷」については側溝を伴う街路ととらえ、溝巷に覆土させたとあるのは、側溝に堆積した汚泥を浚え、ぬかるみやすい路面に砂礫を敷き詰めるといった一連の道路整備の作業を示している、という二つの可能性をみている（佐藤一郎「朝鮮から博多へ来た使節とやきもの」『博多研究会誌二〇周年記念特別号』二〇一一年）。

また希璟は、「門を作る」として、博多について次のように説明している。

博多は城壁が無く、岐路は皆備えがない。夜な夜な賊が起こり、人を殺したとしても追捕する者がいない。今予（宋希璟）の来訪に際し、九州探題は賊が我らを襲うことを恐れ、代官伊東殿に命じて、街区の岐路に皆門を作らせ、夜となればこれを閉ざした。

そして「殊方の主将（九州探題）吾が行を喜び　為《ため》に高門を起《つく》りて至誠を著す」と詠んでいる（五六節）。この門は、京都や奈良で釘貫《くぎぬき》といわれて、辻ごとに設けられ町人の管理した木戸のことだと思われる（安田次郎『日本の歴史七　走る悪党、蜂起する土民』）。

朝鮮王朝では、首都漢城や地方都市は城壁で囲まれる邑城《ゆうじょう》である。それに対して、一五世紀の日本の都市は、京都をはじめとして城壁で囲まれてはいない。希璟はそうした朝鮮と日本との相違に注目している。

佐藤一郎氏によると、博多一一一次調査では、宋希璟の滞在よりやや下がった一五世紀中葉に築造された大きな柱穴の掘り方を持った四脚門とみられる遺構が、短冊状の町割に伴って検出されている。この時期の掘立柱建物の柱穴は、根石《ねいし》を持つものが多いが、短冊状に配置された町屋を構成する建物掘り方の径が四〇《センチ》前後であるのに対し、門とみられる遺構を構成する柱穴の径はその倍の八〇《センチ》前後を測る。遺構の平面規模は一・八《メートル》×二・二《メートル》になり、幹線道路の幅が四・八《メートル》であったことを考えると、支線に取り付く門の規模としては適当な規模であろうと、佐藤氏は、評価している（佐藤一郎「朝鮮から博多へ来た使節とやきもの」）。

博多の旦過寺

希璟は、「断過寺」（旦過《たんが》寺が正しい。以下「旦過寺」と表記）に入り、馬を下りた。随行してきた亮倪は、希璟の慰労のために茶や酒を用意した（五三節）。以後、ここが希璟の滞在場所になる。希璟らを見ようとして、老若男女より僧尼に至るまで、連日庭にあふれていた。刀を持った武士までもが立見をして庭に満ちていたので、希璟は内心では恐れていた（五六節）。

旦過とは、固有の寺院名ではない。特に禅宗において、①遍歴の僧侶が一夜の宿泊をしていくこと、②長期の修行のために訪れた僧の入寺をすぐに許さないで、数日定められた部屋に入れて座禅させること、という意味がある。そのための施設をいずれも「旦過屋」「旦過寮」ともいう。

服部英雄氏によれば、北九州の各地に「たんが」（旦過）の地名がある。福岡県西区今津字旦過、同姪の浜旦過町、福岡市東区志賀島旦過町というような博多周辺の他、北九州市小倉北区魚町旦過橋、旦過市場など一二箇所を挙げている。これらには、①港・渡し場など交通の要所にあるもの、②著名な禅僧と結びつくもの、③温泉または温泉の跡があるものという共通性があるという（服部英雄『地名の歴史学』角川選書、二〇〇〇年、後『地名のたのしみ』と改題〔角川ソフィア文庫〕、二〇〇三年）。なお、一七三節には、志賀島の旦過寺が見える。

博多の人々との交流

宋希璟一行は、上京を許可するという室町幕府の命令を待って、三月二一日まで博多に滞在した。その間、希璟は、前九州探題の渋川満頼《みつより》（法名は、道鎮）や平方吉久、博多の禅僧たちと交流し、漢詩を詠んでいる。『老松堂日本行録』には、一七首の詩が収められている。

渋川満頼は、博多の都市支配を担当する石城管事《せきじょうかんじ》の板倉満景《いたくらみつかげ》に命じて、酒二〇桶と、魚を用意させ、宴を設けた。石城は、博多の異称で、博多湾岸に設けられた元寇《げんこう》防塁（石塁、石築地《いしついじ》ともいう）にちなむものとされる。翌日夜には、子の渋川義俊が、板倉満景に命じて、酒一五桶を用意させた。希璟は、満景の用意した食事に満足し、満頼の酔った様子を「代官の饋《き》食《しょく》は猶飽くに堪え　元帥（渋川満頼）の呈尊は稍《やや》醺《よ》うべし」と詩に詠んでいる。そして「由来この地は人信じ難し　言辞を重ね復《かさ》ねて聖恩を諭さん」と詠み、倭人に対する警戒心を解くことなく、言葉を重ねて、朝鮮国王の「聖恩」を諭すことを誓っている（五四節）。もっとも平方吉久の家において、互いに一杯、また一杯と酒を勧めあったことを「扶桑《ふそう》の風俗もまた良きかな」と詠んでいる（五五節）。

旦過寺には、博多の有力商人である宗金《そうきん》や、善珍《ぜんちん》・宝倪《ほうげい》、平方吉久が連日やってきて食事のもてなしをした（六六節）。九州探題の使節を務めた文渓正祐との間には、頻繁に漢詩を応酬している（五七・五九・六一・六三節）。同様に無涯亮倪との交流も活発である（五九・六〇・六一・六二・六三節）。朝鮮の白鳩一双を求めて、無涯亮倪と平方吉久が希璟を訪れている（五九節）。

博多の禅寺においても交流をしている。承天《じょうてん》寺の主僧に漢詩を贈り（五八節）、妙楽寺の主師である林宗に茶を煎じてもらった（六二節）。また亮倪と文渓が、希璟を妙楽寺の房に誘って茶を煎じている（六三節）。聖福寺の僧七、八人が旦過寺を訪れ、希璟に詩を求めている（六五節）。

　承天寺は、福岡市博多区博多駅前にある臨済《りんざい》宗東福寺《とうふくじ》派の寺で、山号《さんごう》は万松山《ばんしょうざん》。一二四二年（仁治三）、円爾《えんに》（聖一国師）を開山とし、博多綱首《こうしゅ》の謝国明《しゃこくめい》が建立した。妙楽寺は、博多区御供所《ごくしょ》町にある臨済宗大徳寺《だいとくじ》派の寺で、山号は石城山。一三一六年（正和五）に博多の居民が息浜《おきのはま》に一宇《いちう》を築いて月堂宗規《げつどうそうき》を請じた。一三四六年（貞和二）、庵を改め仏殿を造営し宗規を開山として妙楽寺が成立した。寺地は元寇防塁が築かれていた所なので、石城山と称したという。聖福寺は、福岡市博多区御供所町にある臨済宗妙心寺《みょうしんじ》派の寺で、山号は安国山。一一九五年（建久六）、宋から帰国した明庵栄西《みょうあんえいさい》の創建で、日本最初の禅寺とされる。室町時代は、十刹《じっさつ》の一つである。

　注目されるのは、念仏寺についての説明である。この寺は、閭閻《りょえん》（村里）の中にあり、仏殿の内において僧と尼が左右に分かれて寝泊まりしているという（六四節）。これに類する記事は、帰路の全念寺（一六八節）にみえる。

　希璟は、亮倪とともに、筥崎《はこざき》（現、福岡市東区）の松亭を見ている。筥崎は、博多に隣接した地域で、集落が延びていた。希璟は、「松亭は博多の北一里にある。西は大海に浜して、平らな沙堤が閑《のど》かに広がっている。松亭の中には雑樹がなく、ただ白砂青松のみであった。そのためこれを名づけて青松亭という」と述べている。倭人から、この地が弘安蒙古合戦（一二八一年）の時、高麗人戦亡の地であったという説明を受けている。希璟は「画図」のような光景を詩に詠んだ上、「昔日干戈《かんか》の地なり　傷心して更に亭に上る」と詠んでいる（六〇節）。

志賀島に宿泊

　宋希璟らは、三月四日に博多に到着し、九州探題渋川義俊が、「王」（室町殿、足利義持）に希璟の渡来を報告した。室町幕府からの報告（希璟らの入京の許可）を待つため、博多に一六日間留まった。報告がようやく到着したため、希璟らは探題に告げて出発することになった（七一節）。

　三月二一日、希璟一行は「石城」（博多）を出発し、志賀島に泊まった。漢城《ハンソン》（ソウル）の友を夢見て、詩を詠んでいる（六九節）。また博多の僧宗金・善珍・道成が、船に乗ってやってきて、船上で宴を催してくれた。希璟は「行舟の処々風濤悪《あ》しく　猶喜ぶ方人（えびす。ここでは宗金らをさす）酒觴《しゅしょう》（觴は、さかずき）を勧むるを」と詠んだ（七〇節）。

　しかし、なかなかよい風が吹かないので、しばらく停泊することになった。志賀島は、三月なのに蟬の声が耳にかまびすしい。蟬は蟪蛄《けいこ》（つくつくほうし）であった。「山田」はすでに大麦が黄色く実っていた。希璟は「山は黄苗を帯して已《すで》に麦秋　忽ち蟬声ありて客耳を驚かす」と詩を詠んでいる。そして「掛帆して何《いず》れの日にか王州（京都のこと）に到らん」と、不安な気持ちを吐露している（七一節）。

瀬戸内海の光景

赤間関に入る

三月二四日、宋希璟一行は、志賀島を出発して、赤間関《あかまがせき》に向かった。赤間関は、現在の山口県下関市にあたり、北九州から瀬戸内海へ抜ける航路の要衝である。宗像社《むなかた》の中津宮《なかつみや》のある筑前大島を過ぎて、日が沈んだ。風雨がにわかにおこり、終夜、沈没寸前の目に遭った。夜半、順風となり、あけがた赤間関に到着した。港の光景を、「僧舎は山麓に依り、人居は水汀に傍《ほとり》す」と詩に詠んでいる。

九州探題渋川義俊は、宋希璟一行の来日を、京都の「王」（足利義持）に報告し、赤間関の代官がその報告を待っていた。室町殿の許可がおりて初めて宋希璟らは、京都に向かうことができたのである。その間、宋希璟は赤間関に滞在して、この漢詩を含めて一三首の詩を詠んでいる（七二節）。

赤間関の光景

希璟は、尼の住む西光舎を訪れた。尼二、三人が希璟に慇懃《いんぎん》に酒を勧めた。希璟は、茶を給した（七三節）。博多代官の伊東殿は、希璟の「護送代官」として赤間関まで同行していたが、博多に戻ることを希璟に告げた。希璟は、次の詩を詠んだ。

探提（探題、渋川義俊）賊と隣りたりと道《い》うと雖も賊とは海賊なり。今関西第一の人を見たり関西は朴加大（博多）の別号なり。　軽舸送行して帰鳥疾く　海兕竄《かく》れ伏す太平の春（七四節）

九州探題と海賊との近さに触れつつも、伊東殿を「関西（博多）第一の人」と評している。

赤間関では、希璟は、船中に留まっていた（七五・七七節）。赤間関の僧らが面会を求めてきたが、希璟は病気のため会わなかった（七六節）。

希璟は、阿弥陀《あみだ》寺を詩に詠んでいる。同寺は、現在、下関市阿弥陀寺町にある赤間神宮になっている。阿弥陀寺は、一一九一年（建久二）、安徳《あんとく》天皇の冥福を祈るために建立された御影堂《みえいどう》に始まる。一八七五年（明治八年）、勅旨《ちよくし》によって赤間宮となった。希璟は、阿弥陀寺を次のように説明している。

寺に平氏の御影堂がある。王の属僧が、楽を具えて、一日に四度これを祀っている。平氏は、日本の前朝の王子である。寺の前に湖がある。人は、「源氏は平氏と位を争って相戦い、平氏は勝つことができず、窮してここにやって来た。源氏が平氏を沈没させた水である」と言っている。

この湖は、壇《だん》ノ浦《うら》のことであり、一一八五年（文治元）に平氏一門が入水したことを聞いたのである。そして次の詩を詠んだ。

花木何年の寺　来り尋ねて目を縦《はな》つの初め　荒林は絶頂に依り　虚殿は平湖に俯したり　古塔に松風歇《や》み　残池に澗水余れり　登臨して前事を問えば　覚えずして移る西日

また永福寺《えいふくじ》の老師との間で、漢詩を詠みあい、三首が『老松堂日本行録』に収められ、「窓前に長短の栢《かや》　門外に往来の舟」（七九節）などと詠まれている（七九・八〇節）。

永福寺は、下関市観音寺町にある寺院である。もと天台《てんだい》宗だったが、一三二七年（嘉暦二）、南禅寺《なんぜんじ》の平田慈均《へいでんじきん》を開山に迎え、臨済宗に改められている。

入送の手続き

三月三〇日、幕府から上京を許可する命令が届いた。「王」（足利義持）が護送船を数多く発して、厚く接待して入送させるということばを聞き、宋希璟や一行の者たち、そして無涯亮倪はこれを喜んだ（八一節）。

このように京都に向かう異国の使節は、いったん赤間関に滞在し、京都の幕府の許可を得てから、京都に向けて出発することになっていた。

一四二四年、日本国回礼使として派遣された朴安臣《ぼくあんしん》《パクアンシン》も、赤間関に滞在している。安臣の復命書によれば、彼は、前年朝鮮に派遣された日本国王使圭籌《けいちゅう》らとともに来日し、赤間関に到った。圭籌は、「御所」（足利義持）に対して到着の謄書を馳報《ちほう》したが、五五日間、赤間関で足止めを食い、京都からの回報も届かなかった。安臣がその理由を、圭籌に尋ねたところ、「馳報は御所に達しているが、大蔵経板を朝鮮から得られなかったのを恨んでいるため、回報がないのだ。そこで事変を探るために、かつて同行した瓊蔵主《けいぞうす》を大内殿（大内盛見《おおうちもりみ》）に送ったから、戻ってきたならばわかるであろう」という回答であった。この時、大内盛見は在京していた。

赤間関を管轄し、朝鮮使節の検閲を担当していたのは、大内氏の奉行人である白松氏であった。足利義持の命は大内氏を通じて、白松氏に伝えられている。義持は、回礼使の船が搭載してきた大蔵経板・大蔵経・金字経《きんじきょう》のみを、他の船に積み替えて京都に運ぶことを命じた。安臣は、従えない旨を、大内盛見を通じて御所に伝えるよう返答した。盛見は「隣国の使臣を拘束するのは、義に反するものであるから、回礼使を引接すべきである」と義持に働きかけ、ようやく朴安臣の入京が実現した（『世宗実録』六年一二月戊午条）。

入京を拒否する足利義持を翻意《ほんい》させたのには、大内盛見が果たした役割は大きい。朴安臣も、大内氏に幕府との仲介役を期待していた。また入京するためには、赤間関で通行許可を得る必要があり、その検閲役は、大内氏の奉行人白松氏であった。入京の手続きをする過程で、大内氏とその家臣が重要な役割を果たしていたのである。

入送点検の仕組み

これに関連して、一一〇節には、次のような記述がある。

日本の法では他国の使が「朴加大」（博多）に到着したならば、「探提」（探題、九州探題）が拘留して王（足利将軍）に報告し、その王の「入送の文」（使節の入送を許可する文書）を待ち、然る後に入送する。赤間関に到れば、代官がまた拘留し、王の「入送の文」を見て、然る後に入送する。兵庫に到っても同様である。

このように三処にて「把截《はせつ》」（点検）がある。

異国船を迎える際には、博多・赤間関・兵庫の三ヵ所で点検を受けることになっていた。博多では九州探題が、赤間関・兵庫では代官が、使節を拘留して将軍に報告した。将軍の入送を許可する文書が到着した後、京都に向けて入送させていた。

＊この点については、関周一「朝鮮王朝官人の日本観察」（『歴史評論』第五九二号、一九九九年）、橋本雄『中華幻想』、伊川健二『大航海時代の東アジア』（吉川弘文館、二〇〇七年）、須田牧子『中世日朝関係と大内氏』（東京大学出版会、二〇一一年）を参照。

須田牧子氏は、一三七五年（応安八）、高麗使羅興儒《こうらいしらこうじゅ》の上京に際して、播磨《はりま》国矢野荘に おいて、守護代から催促使を遣わされての警固や人夫《ナフユ》の徴発《ちょうはつ》が行われている事例などを明らかにした。高麗使の警固や、進物の運送などは守護役として、臨時に在地に賦課されており、荘園制に立脚した仕組みであった。須田氏は、「室町政権下における朝鮮使節護送は、『使節来日の報告→受け入れの決定と報告地点および赤間関・兵庫への『入送之文』発給→各国守護に対する護送命令（「護送文」「国王教書」）発給→守護・守護代による遵行』システムのもとに行なわれていた」と述べている（須田牧子『中世日朝関係と大内氏』九九～一〇一頁）。

「海賊の声」

三月三〇日午《うま》の時（午後零時前後）に赤間関を出発し、関外に五里ほど出たところで、順風ではなく、三度帆をかけたものの進むことはできなかった。

そのため、豊前《ぶぜん》国田野浦《たのうら》（現、北九州市門司区）にまで戻った。この地は「海賊居る所の処」のため、宋希璟は「戒慄《かいりつ》の志」をもった。夜中に小船が海北より来て、護送船を見て還った。船中の人々は、この小船を海賊船ではないかと疑った。また南辺の山上に声があったのを、従事官孔達の言葉を受けて、「凶人」が相応える声と疑い、衣を解かず、眠りにも入らなかった。

翌日、孔達は「今かの山上の声を聞きますと、前夜の山上の声のようです。その声は人の声ではなく、雉《きじ》の鳴く声です」と告げた。宋希璟は、次の詩を詠んでいる。

狂風定まらずして前程暗し　三度帆を懸くれど舟行かず　海浜に退泊して愁に寐《いね》（寝と同じ）ず　孔公尤も不平の情を起こす　（八一節）

黒石西関での危機

四月一日、順風になり、明け方に出発して、日暮れに周防国室積《すおうむろづみ》（現、山口県光《ひかり》市）に停泊した。希璟は、岸を隔て、はるかに村の火がたつ風景を詩に詠み、「海辺に住む人は皆海賊である。故に村火を望むも心は猶《なお》いまだ安心できない」と注記している（八二節）。

室積からは順風になり、船は黒石西関（周防国竈戸関《かまどぜき》か。現、山口県上関《かみのせき》町）を過ぎた。湾の様子について、林や竹が茂っており、僧舎は山に接し、人居は海岸にあり、籬《まがき》の下に漁船を繋いでいると説明し、湾にある岩を「清奇にしてまた愛すべきなり」と評して詩を詠んでいる（八三節）。

午後、大風に遭い、船は南に向き風に随って流されていった。望むと、南辺は海賊の集落であった。船では上下の者たちが色を失った。船頭が大騒ぎをしていると、まもなく小島に着いた。この島は「唐加島」で、周防国頭島《とうがしま》（現、山口県周防大島町）とみられる。一行は崖の下に宿して夜を過ごして生を得た。希璟は次の詩を詠んだ。

南辺は白水にて北は青山　席を掛けし楼船の漫瀾《まんらん》（はるかに限りない水）に入れば海を動《ゆる》がす黒風の浪を吹きて倒す　愴惶《そうこう》として忽《たちま》ち得たり小崖の間

そして、赤間関以東は皆白水（白く美しい水）と注記している（八四節）。

海賊に出会う

「唐加島」より安芸《あき》国高崎（現、広島県竹原市）に向かう海中、前路に烏の頭のような石島があった。希璟は、通事尹仁輔より、「ここは、回礼使梁需《りょうじゅ》《リャンス》が海賊に遭遇した（一四一〇年のこと）所です。その時吾は随行しており、これを見ました。賊船一艘がかの小島に隠れ、梁需の船が進み去ろうとすると、賊船が出てこれを捉え、船に乗せている礼物《れいもつ》と過海糧《かかいりょう》（渡海のための食糧）から衣服・船隻に至るまで、全てを奪い取りました。回礼使と軍人を傷つけることなく、棄てて去って行きました」と聞かされ、恐怖心を抱いた。

希璟らの船が近づくと、小船がたちまち現れ、希璟らの船に向かって来た。その船は、「疾《はや》きこと箭《や》の如し」であり、船の乗員たちは皆「これは海賊だ」といった。鼓を撃ち旗を張り角を吹き、鉦《かね》を鳴らし甲をかぶって、弓を執って立った。希璟も甲をかぶり、これを望み見たところ、海賊の小船の中に人が立っている様子は、「麻のようであった」。希璟の船は帆を下ろして徐行し、無涯亮倪の船と宗金の船が来るのを待った。まもなく二船が来たので、賊船は北辺に沿い、西に向かって過ぎ去った。海賊が来たときに一艘の小船がついてきたが、忽ち海賊に随って去った。人が言うには、「かの賊船の相戦う時、崖上の賊の酒を載せる船である」という（八五節）。

尾道

宋希璟一行は、頭島より高崎に入った。日が暮れて海辺に船を停泊させて一夜を過ごした。四月四日の明け方、船を出発させ、備後《びんご》国尾道《おのみち》（現、広島県尾道市）に向かった。宋希璟は、あかあかと日が上り、海に聳《そび》える山々が画屏となっている様を詩に詠んでいる（八六節）。

尾道は、一二世紀後半に備後国大田荘（高野山領）の倉敷（倉庫の敷地）とされたことから始まり、その後港町へと発展を遂げる。尾道は背後に山地を背負い、前面には向島を配している。水道に面した狭い平地に並ぶ堂崎・十四日《じゅうしにち》・土堂《つちどう》・御所崎《ごしょざき》の四つの港湾と町からなっていた。背後の山上・山腹には、浄土寺・西国《さいこく》寺・天寧《てんねい》寺などの寺院群が建ち並び、港湾と町を見下ろしている。一四世紀半ば、今川了俊は『道ゆきぶり』に「北にならびてあさぢ深く岩ほこりしける山あり、ふもとにそひて家々所せくならびつゝあみほすほどの庭だにすくなし」と記している（『新修尾道市史』第一巻、尾道市、一九七一年・市村高男「中世日本の港町」歴史学研究会編『港町の世界史②　港町のトポグラフィ』青木書店、二〇〇六年）。希璟は、「人居は岸に沿って屋を接して、僧舎は山上に連なり重なっている」と述べている（八七節）。

尾道の寺院

希璟は、尾道で風待ちをして停泊している間に七首の詩を詠んでいる。その中で、天寧寺・浄土寺・海徳《かいとく》寺・常親寺の四寺をとりあげている。伊藤辛司氏の研究によりながらみておこう（「中世後期外交使節の旅と寺」中尾堯編『中世の寺院体制と社会』吉川弘文館、二〇〇二年）。

天寧寺は、海雲山を山号とするもので、一三六七年（貞治六）に「尾路《おのみち》」の万代道円居士の発願《ほつがん》により、春屋妙葩《しゅんおくみょうは》を開山に請うたと伝えられる（「智覚普明国師行業実録」）。当初から室町幕府の官寺として扱われ、春屋妙葩の塔所《たっしょ》である京都嵯峨の鹿王院《ろくおういん》が管掌する夢窓《むそう》派鹿王院門派の禅寺であった。

希璟は、天寧寺について「禅寺の大刹《たいさつ》なり」とし、尾道について「津頭には人居地を撲《つく》し、山上には僧舎羅絡せり」と述べている。そして次のように詩を詠んでいる。

傑閣なり天寧寺　江に臨みて塔は幾層なる　門前に価客喧《かまびす》しく　堂上に禅僧定《じょう》たり　竹影は階《きざはし》を侵して碧く　松声は座に入りて清し　別に花木の塢《むら》を尋ぬれば　奇絶なること転《うた》た驚くに堪えん　（八九節）

この詩には、同寺の五重塔についても詠まれている。この塔は、一六九二年（元禄五）に改修され、海雲塔と称し、国の重要文化財に指定されている。

浄土寺は、鎌倉時代に奈良の西大寺《さいだいじ》を再興した叡尊《えいそん》の弟子定証《ていしょう》が、一三〇六年（嘉元四）に再興した真言律宗《しんごんりつしゅう》の寺院である。希璟は、「これまた禅の大刹なり」とするも、誤りである。伊藤氏は、「宋希璟のなかに、日本で異国人を受け入れて対応する宗教施設＝

禅寺という先入観があったからではなかろうか」と指摘している。希璟は、本堂（国宝、一三二七年〈嘉暦二〉建立）、多宝塔（国宝、一三二八年〈嘉暦三〉に再建）、阿弥陀堂（重要文化財、一三四五年〈貞和元〉に再建）などを見たのであろう。「林端《りんたん》に殿角《でんがく》出でて湖上に梵宮《ぼんきゅう》開く」で始まる詩を詠んでいる（九〇節）。同寺には、「弘安元年戊寅《ぼいん》十月十四日」の刻銘がある石造納経塔などがある。

海徳寺は、龍燈山を山号とし、鎌倉時代後期に創建され、一遍《いっぺん》の開基《かいき》と伝えられる。宋希璟は「この寺、湖に入り土を築きて排《なら》ぶ。四面みな海水。禅寺なり」としており（九一節）、海に突き出て建っていたことがわかる。

常親寺は、常称寺のことと考えられ、正応年間（一二八八～九三）に遊行二世他阿真教《たあしんきょう》の開基と伝えられる時宗《じしゅう》寺院である。希璟は、同寺の主師から茶を煎じてもらっている。希璟は「寺は村里の中にあるけれども、寺内は精麗である」と記している（九二節）。

室　津

四月八日、希璟一行は尾道を出発した。備後国を過ぎて、小島を望んだ。石壁の間に小庵を見た。人が言うには、水月観音《すいげつかんのん》を安置し、一人の僧が常住しているという。庵の前に老松一株があり、三面は海である（九四節）。

その後、鞆津《とものつ》（現、広島県福山市）などを経て、播磨国室津《むろつ》（現、兵庫県たつの市御津町）に停泊した。

　室津は、瀬戸内海の要港である。一三八九年（康応元）三月二五日、足利義満は、安芸《あき》厳島《いつくしま》神社からの帰途、「室の泊」に入って、浮橋《うきはし》をかけて海岸の寺に泊まり、守護赤松義則《あかまつよしのり》の接待を受けている（「鹿王院殿厳島詣記」）。また異国の使節も訪れている。一四〇五年（応永一二）の播磨国矢野荘供僧《ぐそう》方年貢等算用状（「東寺百合文書《とうじひゃくごうもんじょ》」れ函一二）には、「国下用」の中に、衣笠方より「室ノ津」まで明使の進物（「唐ノ進物」）を運ぶ人夫二人が、四月二六日より一二日分の役食の半分として、一七六文が課されている。禅僧天隠龍沢《てんいんりゅうたく》の語録集『翠竹真如集《すいちくしんにょしゅう》』の中の『播陽室津図記《ばんようむろつずき》』には、西藩《せいばん》の諸侯や「大明・三韓・外国使者」は、みな室津に泊ったと述べている。

　無涯亮倪と宗金は、「阿弥陀寺」に希璟を宿泊させることとし、寺に至ったものの、僧が房に入っていて出てこなかった。そのため希璟は、「余毛時羅」（衛門四郎か）の家に泊した。宗金は、使を京都に送り、使が戻ってくるまで室津に滞在した。この使は、入京の許可を得るためだろう。希璟は、「只恨むは居僧の宿客を嫌うこと」という句を含む詩など、下記にあげる詩を含む五首を詠んだ（九八節）。

　その後、阿弥陀寺の僧が、その非を謝したため、希璟と亮倪は「阿弥陀寺」に泊した（九九節）。希璟は、「阿弥陀寺」の梅樹が庭をおおう様や、「石を積み山を造り江湖《ごうこ》となす」庭園を詠んでいる（一〇〇・一〇一節）。

この「阿弥陀寺」は、浄運寺《じょうれん》と考えられる。浄土宗鎮西《ちんぜい》派の寺院である。『法然上人《ほうねんしょうにん》絵伝《えでん》』によれば、一二〇七年（承元元）、法然が配所《はいしょ》の讃岐《さぬき》国へ趣く途中、室泊に至った時、小船で近づいてきた友君という遊女の帰依《きえ》を受けた。浄運寺は、そのゆかりの地に、法然の弟子信寂《しんじゃく》を開山として、一二二八年（安貞二）に創建されたという。現在、浄運寺には、遊女友君の墓がある。

魚住と一ノ谷

四月一五日の巳《み》の刻（午前一〇時頃）、順風により室津を発して、播磨国魚住《うおずみ》（現、兵庫県明石《あかし》市）に至り、日が没してこの地に宿泊した。海賊が集まり住む地のため、護送船九隻が迎えにやって来て守ってくれた。この護送船は、宗金の使に応えて幕府が命じたものだろうか。希璟が詠んだ詩の中に「海中の行賊は自ら蔵《かく》れ伏し」とあり、希璟の海賊に対する認識が示されている。そして「命を宣して何の時にか使節を回《かえ》し　楽天亭下に昇平を奏せん」と詠んでいる（一〇三節）。

希璟らは、摂津《せっつ》国一ノ谷《いちのたに》（現、兵庫県神戸市須磨《すま》区）を通った。希璟は、一ノ谷を、北は盤山に接して三面は大海であるとしている。そして「源氏と平氏が昔日位を争って戦った地である」という言葉を聞いて詩を詠んでいる（一〇四節）。周知の如く、源平合戦における戦場である。一一八四年（寿永三）、源義経《みなもとのよしつね》は一ノ谷の平家の軍を襲撃するため、鷲尾三郎《わしおさぶろう》を先導として、「鵯越《ひよどりごえ》の坂落し」によって勝利している。

兵庫

四月一六日、希璟一行は、摂津州兵庫（現、兵庫県神戸市兵庫区）に到着した。兵庫は、畿内からみれば、瀬戸内海航路の発着点となる港であり、西日本の物流の主要な中継地として、瀬戸内海地域からの荘園年貢や商品が陸揚げされた。平安末期に平清盛《たいらのきよもり》が経ヶ島《きょうがしま》を築造し、鎌倉時代に重源《ちょうげん》が修復した。平氏政権のもとでの日宋貿易《にっそうぼうえき》の根拠地であり、室町幕府の派遣する遣明船や遣朝鮮船の発着港、明使や高麗・朝鮮使、琉球船が来着する港でもあった。

兵庫北関については、一三〇八年（延慶元）、東大寺が関料（関銭《せきせん》）の徴収権を獲得し、それと引き替えに島の修固が院から命じられている。一三三八年（暦応元）、興福寺も徴収権を獲得したため、兵庫北に東大寺の関所、南に興福寺の関所が分立した。

希璟は、兵庫について「王所」（京都）から二日からの距離にあるとする。翌日、無涯亮倪は希璟たちよりも先に京都に出発しようとしたが、兵庫の代官が「王」（足利義持）に報告してからと、それを留めた。そのため亮倪も兵庫に留まった。代官が京都に送った使者が戻ってきた。代官は希璟のもとを訪れ、宴を催した。希璟は、兵庫の様子を次のように述べている。

高低の板屋は蜂屯《はちのす》の若《ごと》し　数日停帆して海門に滞す　殊俗もまた能《よ》く礼義を知れり　慇懃《いんぎん》に来り謁して更に尊（酒器）を呈す　（一〇五節）

民家が密集している様子や、兵庫の代官が礼儀を知り、慇懃な応対であったことを詠んでいる。

飢民の声

四月二〇日、希璟一行は兵庫を発して、京都に向かった。摂津国西宮（現、兵庫県西宮市）において店を過ぎた時、次のような詩を詠んでいる。

処々の神堂処々の僧　人に遊手多く畦丁《けいてい》少なし　耕鑿《こうさく》に余事なしと云うと雖《いえど》も　毎《つね》に聴く飢民の食を乞うる声

希璟は、処々に神堂（神社）や僧侶があり、農業に従事しない「遊手」が多い一方、農業に従事する百姓が少ないと観察している。百姓は耕作に余念がないにもかかわらず、飢えた民が物乞いをする声があふれているという。そして、「日本は人が多い。飢人が多く、残疾（病人）が多い。処々の道端に座って、道行く人（旅人）に逢えば銭を乞う」という注記を加えている。

西宮は、『長秋記《ちようしゆうき》』元永二年（一一一九）九月五日条を初見とし、平安時代末に広田社南宮を中心に町が発展した。鎌倉時代には市の存在が知られ、南宮の一小社が商業の神として信仰をあつめる戎《えびす》社（西宮神社）である。室町時代には酒造業や材木業が繁栄し、一三七一年（応安四）の大火では八〇〇軒が焼失している。

清水克行氏は、応永の大飢饉の惨禍《さんか》を示すものとして、この漢詩に注目している（『大飢饉、室町時代を襲う！』）。西宮という場所が、西宮戎社の門前に栄えた都市的な場であり、非農業民の比重が高かったことを割り引くべきであるとはしながらも、実際に当時の日本は、「飢人」（飢餓難民）や「残疾」（病人）が多くいて、彼らが路上で物乞いをしている姿がよく見かけられたのは事実だったとする。大飢饉が猛威を振るう前に、地方の小都市は田畠を捨て零落していく人があふれはじめていたと述べている。

ただし、レトリックとはいえ清水氏の言うような、「低生産」の地方社会において、他人の物を手に入れるのに、相手の承諾のうえで行えば「乞食」、承諾なしに行えば「海賊」という対比は賛成できない。希璟の出会った「海賊」は、飢饉の有無にかかわらず、独自の組織をもち、海の自力救済の世界を体現していた人たちであったからである。この点は、復路に出会う海賊から窺える。

良人の男女半ばは僧となる

ついで希璟一行は、摂津国瀬川（現、大阪府箕面《みのお》市）の店に宿をとった。そこで、次のような詩を詠んだ。

良人の男女半ばは僧となる　誰か公家役使の丁ならん　未だ賓来りて支対する者を見ず　唯聞くは処々に経を誦む声

「良人の男女半ばは僧と為る」という表現で、日本における僧侶の多さに驚き、誰が朝廷の課丁になるのだろうかとしている。そして処々に経を誦む声が聞こえるという。もっともこの「僧」はすべてが寺院に帰属した僧侶とは限らない。村井章介氏は、「希璟の見た僧の多くは、寺に属する専業の僧侶ではなく、出家して法体となった一般人であろう。ある年齢に達すれば剃髪することが、中世人のライフスタイルでは習慣化していたからである」と指摘している（『分裂する王権と社会』、二四八頁）。

宋希璟のみた京都

京都に入る

一四二〇年（応永二七）四月二一日、宋希璟《そうきけい》は、目的地の京都に入る。その晩、彼は室町幕府の通事《つうじ》（通訳）魏天《ぎてん》の家に宿泊している。

魏天との出会い

魏天は、中国の人であるが、幼い頃捕えられて日本に来た。その後、高麗に渡り、李子《りし》《イチヤ》安《あん》《アン》（高麗末の文人）の家に奴となった。高麗から日本に派遣された回礼使《かいれいし》に従い、再度日本に来た。この使節は、一三六六年に高麗から派遣された金龍一行であろうか。江南《こうなん》（明）の使節がたまたま日本に来ており、彼に会い、中国の人であるというので、彼を奪って江南に還った。この明使は、一三七〇年に来日した趙秩《ちょうちつ》であろうか。洪武帝《こうぶてい》は、彼に見《まみ》えて、日本に還送した。

魏天は、室町幕府の通事となり、妻を娶《めと》って二女をもうけた。彼は、足利義満《あしかがよしみつ》に寵愛され、資産も豊かになった。宋希璟が来日した折、すでに七〇歳を過ぎていたが、朝鮮回礼使（宋希璟）の来ることを聞いて喜んで、酒を持参して「冬至寺」（等持寺《とうじ》）に出迎えた。魏天は、朝鮮語（「我言」と「我語」）もよく解したという。

さらに魏天は、宋希璟を私宅にも迎えている。そこには、陳外郎《ちんういろう》も招かれていた。陳外郎は、日本に渡来した陳延祐の子であり、宋希璟に同行している平方吉久《ひらかたよしひさ》の父である。足利義満の命で、遣明使《けんみんし》に同行し、秘薬霊方丹《れいほうたん》を持ち帰っている。その後、幕府の傍らに家を構えて、幕府の外交と、医療に活躍している。異国の人や、中国人の血を引く人が一同に会して、宴席を設けた。その接待の費用は、魏天の「私銭」、すなわちポケットマネーだった。希璟は、その夜は、魏天の家に泊まった（一〇七節）。

魏天は、中国・日本・朝鮮の間を転々とする不運な境遇の中で、その言語能力が認められ、通事として活動していたのである。このような通事の事例は、いくつかみられるが、それはほぼ中国人に限られ、朝鮮人の例は確認できない。中国人が通事となったのは、外交上の公用語が中国語（漢文）であったことに拠るのであろう。この点は、被虜朝鮮人との明瞭な差異を示すものといえる（関周一『中世日朝海域史の研究』）。

希璟は、この時、次のような漢詩を詠んでいる。「富人の家」は魏天の邸宅をさす。

茫々《ぼうぼう》たる滄海《そうかい》は中華を隔て　服異なり言殊なりて法度も差あり　田租《でんそ》は皆収めて私第に入る　賓《まれひと》来れば食を続《つ》ぐ富人の家

希璟は、「茫々たる滄海」をこえてやってきた日本と「中華」（朝鮮）との間での、衣服や法の差を指摘している。田租が国家ではなく、私第《してい》（私邸）に納められるとしているが、この後の注記で具体的に説明している。

日本の法―幕府と守護

「日本の法」は、「王」（日本国王。室町殿のこと）から「武衛」（斯波《しば》氏。当主は義淳）・「管領」（時の管領は細川満元）や「殿々」に至るまで、土地を分受することはあるいは一、二州、多い場合は四、五州に至る。彼らは代官を派遣して、その州の「衆」（住民）を領し、「銭」を収めて、これを私用し、また子孫に相伝している。（一〇七節）

この記述は、室町幕府のしくみを説明しており、管領《かんれい》細川氏などの諸大名が、室町殿から各国の守護に任じられていることにあたる。守護は、守護代を任じて領民を治め、「銭」（守護段銭《たんせん》など）を徴収して自らの収入とし、また守護職は、原則として世襲された。右の注記は、このような守護制度を説明したものである。

これに関連して、通事の尹仁輔は、帰国後提出した復命書の中で、室町幕府について次のように述べている（田中健夫『中世対外関係史』）。

国に府庫が無く、ただ富人に外交使節を接待させている。またある人が秘かに言うのには、その王居《おうきょ》（花の御所）は体面が無く、使節に見せたくないため、都に入れようとしなかった。御所（足利義持）は、常に諸寺を廻り斎を修めることを事としている。その命令は都の周辺の地に及ぶのみで、土地は皆「強宗」（守護）に分けられている。

（『世宗実録』二年十月癸卯条）

ここでは幕府には倉庫がなく、将軍の権力が弱体であることを指摘している。

幕府の対応

こうして希璟は、その任務である幕府との交渉に入る。『老松堂日本行録《ろうしょうどうにほんこうろく》』の記述から、その経緯を追ってみよう。

二一日、「王」足利義持《よしもち》の使人が、陳外郎を呼び出した。にわかに義持からの使人が、「王」のことばとして、「大蔵経《だいぞうきょう》と国王への礼物《れいもつ》を等持寺に入れ置き、官人はここを出られて深修庵に滞在されるように」と希璟に伝えた。日没を迎えたため、宋希璟はそのまま魏天の家に泊まった。

翌二二日、宗金がやってきて、前日の使と同様な義持の指示を希璟に伝えた。希璟は、「私は我が殿下（世宗）の書を奉じて来たのにもかかわらず、今になっても王（足利義持）に見《まみ》えて書を開いて読むことをしていません。また王からの書を奉《うけたま》わったところ『ここを出て深修庵に滞在するように』ということです。礼からみて、ふさわしくありません。私は行きません」と言った。宗金は、「官人のことばはもっともではございますが、御所（足利義持）は今日すでに相国寺《しょうこく》に入って斎を致しております。したがってさらに申し上げることは難しくございます」と答えた。希璟は、「日本の人は、その王を御所と呼んでいる」と説明している。

にわかに、陳外郎が轎子《かご》と従馬を希璟に送って、速やかに深修庵に向かうように指示をした。希璟は、朝鮮国王の書契（日本国王あて）を奉じて深修庵に向かった。陳外郎が轎子に乗って先導し、通事の魏天が轎子に乗って後ろをついてきた（ここまで一一〇節）。

希璟は、その途中、馬上にて、大小の麦が野に満ちて黄色く熟している様子を見て、「平墟なる部落是れ王州　満野の黄雲正に麦秋」という漢詩を詠んだ（一〇八節）。

こうして希璟らは、深修庵に到着した。昼食がないまま日が暮れて、夕食もまた来なかった。希璟の荷物は、まだ途中の川にあって着いていなかった。上の者も下の者も腹を空かせていた。船軍通事の李金《りきん》《イクム》は、その剣を持って門を出て、松台の倭人の家に行った。剣を与えて、酒や麵と交換し、それを食事とした。希璟の心はまだ穏やかではなく、食べても喉を通らなかった。希璟は、次の漢詩を詠んだ。

李金剣を持ちて松台に出でて　人家に仮付し酒を得て来る　肝胆輪囷《りんきん》（曲がりくねっ

ている　さま）として呑めども下らず　黄昏に独り坐せば思いは裁《おさ》え難し　（一〇九節）

深修庵　ここで深修庵について、『老松堂日本行録』の記述からうかがっておこう。

この庵は、幕府（花の御所）より、朝鮮里で一里に位置し（『世宗実録』二年一〇月癸《みずのとう》卯条の尹仁甫の発言では、三〇里）、竹林の中にある尼寺であった。「王」（足利義持）は、尼を移して希璟を接待した。倭は、「この庵は朝鮮回礼使が来れば、接待する場所である」と説明した。僧はなく、ただ倭（武士）二〇人のみで守り、門を守衛して人の出入を禁じていた（一一〇・一一八・一二〇節）。

だが、日本側の史料をみる限り、深修庵を使用したのは、この時が初めてである。高麗・朝鮮使節をどの施設に受け入れたのかについては、橋本雄氏が次のように整理している（『中華幻想』）。

一三六七年　　　　金龍　天龍寺
一四二〇年　回礼使　宋希璟　魏天宅、深修庵、松月庵
一四二四年　回礼使　朴安臣　深修庵
一四四三年　通信使　卞孝文　景雲庵（東山双林寺之傍）

いずれも洛外の居所が選ばれている。

明使の場合は、伊藤幸司氏の整理によれば、当初から将軍のいる北山殿《きたやまどの》や室町殿《むろまちどの》（花の

御所）に直接参内《さんだい》して謁見でき、洛中に宿泊した。

一四〇一年（応永八）に派遣された天倫道彝《てんりんどうい》と一庵一如《いちあんいちじょ》らの京都での宿所は法住《ほうじゅう》寺であった。法住寺は、「北山法住寺」とも称されるように、仁和《にんな》寺の子院《しいん》の一つで、洛北に位置し、禅僧が居していた。

一四三四年（永享六）、足利義教《よしのり》が再開した遣明船の帰朝に同行して、明使雷春《らいしゅん》らが来日した。唐人宿《とうじんやど》は仁和寺法住寺に決定していたものの、六条法華堂などの道場に数日間仮寓し、室町殿での接見後、大宮猪熊道場に入った（「中世後期外交使節の旅と寺」）。

明の都の北京には、紫禁城《しきんじょう》の南にある会同館《かいどうかん》に異国の使節は滞在した。朝鮮王朝の都漢城《ハンソン》（ソウル）においても、日本使節が滞在する東平館・西平館という倭館があった。日本の古代においては、前述したように、平城京と平安京には鴻臚館《こうろかん》が置かれていた。これに対し、中世の京都には、異国の使節を迎える専用の建物がなかったのである。そもそも中世の京都は、古代日本や中国・朝鮮の都とは異なり、異国の使節を迎えることを想定していなかったといえる。

室町幕府との交渉

応永の外寇についての認識の相違

深修庵に到着すると、希璟は堂に入って坐した。外郎と魏天も堂に入って坐した。外郎は、次のような事情を説明した。

去々年（一四一八年）、明の皇帝（永楽帝《えいらく》）の使臣である内官の呂淵《ろえん》が兵庫にやってきて、皇帝のことばとして御所（足利義持）に向かって『汝の父（足利義満）と朝鮮国王は皆我に事《つか》えている。汝だけが事えていない。予は将を遣し朝鮮と共に出兵しよう。汝は城を高くし池を深くしてこれを待て』と言いました。御所はこのことばを聞いて怒り、その使を入見せず、海賊に殺させようとしました。たまたま順風のため海賊が呂淵の船に追いつかず、呂淵は明に戻りました。去年六月、朝鮮の兵船が対馬島に到りました。少弐《しように》殿が御所に『江南の兵船一千、朝鮮の兵船三百隻が、本国に向かって来ました。吾が力戦してこれを却けました』と報告しました。今御所がこれを聞き、少弐殿に多くの賞物を送り、朝鮮に対しては甚だ憤りました。そうして官人がたまたま来られて兵庫に到りましたので、吾らは用心しておりました。そうした情勢のもと、官人は都に入来されたのです。このことをお知り下さい。

希璟は、次のように答えた。

馬島（対馬島）行兵の件は我がこれを説明しましょう。さきごろ宗貞茂《そうさだしげ》が我が殿下（朝鮮国王）に向け、誠を至し礼を尽くしていました。我が殿下は、その誠心を知り、ためらうことなく米・布を給し、酒肉まで与えました。聖恩深重なる故、二十余年一家として扱ってきたのです。去年の春、馬島の賊輩が上国（明）の辺鄙《へんぴ》に侵犯し、人民を殺したり捕えたりし、兵船を盗み取りました。我が殿下は震怒し、征伐しようとしました。そして将に命じる際、『ただ賊輩のみ伐て。都々熊丸《つつくままる》（宗貞盛）は生かしておき、九州については皆安んぜよ』と指示しました。ましてや本国（対馬・九州以外）を攻めるつもりはありません。もし我が殿下に本国に不好の心があるならば、今王が求めた経を給わることがあるでしょうか。礼物および回礼使を送ることがありましょうか。これについての我が殿下の意を知るべきです。その時我が殿下は、議政府の大臣と六曹を召して『馬島は日本と朝鮮の間にある。常に密かに寇盗し、その王令にも従わない。今予がこれを討ち、その王がこれを聞けば、必ず喜ぶことであろう』と告げました。大明と同心して本国に行兵するようなことは、全く無いことです。このような言は、真に荒説です。明文無きの言は取るに足らないことでございます。この希璟の説明に、陳外郎は驚き、「御所は全く知らないので、吾はすぐに御所に申し伝えましょう」と答えた（一一〇節）。

この問答にみるように、幕府は、朝鮮が応永《おうえい》の外寇《がいこう》（己亥《きがい》東征）を引き起こした事情を認識していなかった。断交している明の使節の脅しに引きずられていたことがわかる。希璟は、そうした誤解を説くため事情を丁寧に説明したのである。

国書の年号表記

次に論点となったのが、日本国王あての国書の年号表記である。

希璟との問答の後、外郎は外に出て孔達・仁輔を呼んで、国書の年号を尋ねたところ、孔達は「永楽」だと答えた。朝鮮王朝は、冊封を受けた明の年号を使用し、そのまま外交文書にも表記している。そのことばを聞いた外郎は、「それならば官人はきっと帰国できないでしょう。明くる朝、官人に知られないように、密かに書契を持ち出して、龍集に改書するのがよろしいでしょう」と言って帰った。明年号はよろしくないので、歳次を意味する龍集にせよという提案であり、日本国王（足利義持）あての国書の改竄《かいざん》を勧めているのである。達は、手づから片紙に龍集の二字を書いたものを持ち、顔色を変えて希璟のもとにやってきて、「これをいかがしましょうか」と言った。希璟は驚いて立ち上がって、「吾ら死んだとしても、御書をどうして改書することができようか」と言った。希璟の朝鮮国王世宗の書に対する敬虔な気持ちが現れているが、改竄を容認する日本側の国書への意識とはだいぶ異なっている。

すると等持寺住持の元璞恵珙《げんぼくえきょう》（絶海中津《ぜっかいちゅうしん》の法嗣《はっす》）と林光院住持の元容周頌《げんようしゅうじゅ》（春屋妙《しゅんおくみょう》葩《は》の法嗣）がやってきて、希璟の来日の目的を尋ねてきた。希璟は「回礼および通信のためです。我が殿下（世宗）が即位して、今すでに三年になります。日本と隣好を通じようと欲しておりましたが、路に風濤《ふうとう》の険、また海賊の暴があるため、使臣を送りませんでした。今王（足利義持）の使（無涯亮倪《むがいりょうげい》）が帰国して、我が殿下の命を伝えようとされます。臣は、使とともに日本に行き、礼を回らして信を通じるためにやってきたのです」と説明した。恵珙らは書契（義持あての国書のこと）を見せてくれるよう求めた。希璟は、書契の草文を開いて示した。彼らはこれを見て、欣然《きんぜん》として相顧みて、「書の内に殿下の意が厚く示されています。吾らが伝書して御所に伝えましょう」と言った。希璟は、孔達に書契の草文を写させて、彼らに呈した。そして希璟は、「我が国は日本に対して他心はありません。馬島のこと（己亥東征の件）は私がすべて説明しましょう」として、陳外郎に説明したのと同様に列挙解説した。彼らはそれを聞いて喜び、「朝鮮の殿下に他意は無く、ただ吾が御所と親厚する意があるのみでございますな。吾らはこのことを承知しましたので、早速御所にお伝えしましょう」と言って、帰って行った。

細かい点だが、希璟は国書の原本と草文の二種類を持参しており、交渉にあたっては、草文を使用している。国書の原本は、国王（足利義持）に対して捧げるものであった。希璟は、交渉の苦労を漢詩に詠んだ。そこでは、「但《た》だ信物《しんもつ》を将《も》って隣好を通ぜんとす　是《こ》れ文を虚《いつ》わり国熕を要《もと》むるにあらず　誰か王心をして火燭《かしょく》の如くあらしめん　明珠薏苡《よくい》弁ずること猶難《なおかた》し」と詠み、最後は後漢《ごかん》の馬援《ばえん》が誣告《ぶこく》された故事を引き合いに出している（一一〇節）。

筍泥棒

四月二三日の初夜（戌《いぬ》の刻、日没直後）、希璟が深修庵の房内において、あかりをつけて一人座っていると、庵を守護している「倭輩」（武士たち）が弓や剣をとって、「賊が来た」と言いながら、北園の竹林に向かっていった。押物《おうぶつ》の金《きん》《キム》元《げん》《ウオン》および希璟の伴人《ばんにん》らが、皆剣をとって希璟の房にやってきた。通事仁輔も剣をとってやってきて、戸を閉ざし、燈を明るくさせた。希璟は、すっかりおそれあわててしまい、如何《いかん》ともしがたかった。にわかに賊は退散した。倭は、「筍《たけのこ》を盗む賊です。官人驚くことなきように」と説明した。

四月二四日、希璟は前夜の賊について、林光院周頌に書を送り、王に知らせようとした。

だが甲斐殿がその書を見て、人を通じて、「前夜の賊は筍泥棒ですので、ご心配には及びません」として書を送ることを止めた。そのため書は送られなかった（一一一節）。

希璟は深修庵に入って以来、心労により食事が進まなかった。四月二五日、朝食の時、飯を進めた数人の倭の中で、素直で聡明な一人を呼んで、「汝は吾が多く食さないのを見て、その理由がわかるか」と言った。倭が「わかりません」と答えると、希璟は「吾は我が殿下の命を奉じて国に来て、今日で五日になる。汝の御所が見《まみ》えないため、我が王旨を持参しても未だ開いて読まれていない。卓上に置いたまま日を重ねている。殊に人臣奉使の礼を失っている。予は心病を発したため、多く食せないのだ」と説明した。交渉が進展しないことへの希璟のいらだちがみえる。なお、この日希璟が詠んだ漢詩では、世宗の国書は「上国の宝書」と表現されている（一一二節）。

無涯亮倪との再会

幕府の正使であった無涯亮倪は、兵庫に入った後、希璟の前に姿を見せなかった。希璟が亮倪の消息を倭人に尋ねたところ、「亮倪の師僧が二日ほどで行ける地に住んでいた。このたび亡くなってしまい、それを聞いた亮倪が弔問《ちょうもん》のためその地に行っているのだ」ということであった。

そうしたところ、亮倪が希璟のもとを訪れた。「日本の人」は、亮倪を「書記」と呼んでいるという。彼は、希璟に対して、「吾は帰国したところ師の亡くなったことを聞き、その地へ行っており、前日京都に入りました」とこれまでの事情を説明し、「御所（足利義持）が吾を呼んで、『朝鮮官人に病がある。汝が行って病を尋ね、酒を勧めよ』という指示がございました。どうか官人は平らかな心で飲食され、御所の講経が終わるのを待って後、御所に見え、その後、心を安んじて帰国されるのがよろしいのではないでしょうか」として足利義持の言葉を伝え、今後のことを進言した。五月二日は、足利義満の命日であり、等持寺では恒例の法華八講《ほっけはっこう》が行われた。

希璟は、「今日師に見え、また王の言葉を聞きました。予の病も少し癒えました」と答えた。そして詩を作り、「この詩を御所に奉りたい」として亮倪に託した。翌日、亮倪がやってきて、「前日の詩を御所に奉ったところ、御所がこれを見て、『佳《よ》い詩だ』とおっしゃいました」と希璟に告げた。

希璟は、次の漢詩を詠んだ。

宿雨初めて晴れ日色回《かえ》る　上人（無涯亮倪）語（足利義持の言葉）を伝えて好懐開く
送り来たれる尊酒（義持が希璟に贈った酒）の猶香り美《うま》し　我れ識《し》る王心もまた楽しからんと
（一一三節）

このように足利義持は、次第に希璟への気配りを見せるようになった。そのため希璟はようやく安堵《あんど》し、無涯亮倪を介在させてではあるが、義持との交流を楽しむようになった。

足利義持の対応の変化

義持にどのような心境の変化があったのだろうか。希璟の説明するところでは、義持は、「朝鮮と大明とが同心して日本を伐《う》とうと欲し、我に向かって不好の心があった」と思っていた。応永の外寇を、明と朝鮮が連合して日本に派兵したものとみなして朝鮮を恨んでいたのであり（この点は、前述した陳外郎の発言にみえる）、これが希璟一行を冷遇した原因であった。だが、義持は希璟の説明を聞き、その疑いが解けた。義持は、右にみたように、無涯亮倪に希璟の病を尋ねさせ、また各寺に命じて次々に希璟の接待をさせた。希璟は、その喜びを詩にして、元璞恵珙と元容周頌に示している（一一四節）。

僧侶たちとの交流

この後、希璟は諸寺を訪れ、僧侶たちと漢詩のやりとりをするなどの交流をしている。

五月一日、希璟は心蓮院を訪れた。同院は、仁和寺の子院（真言宗《しんごん》）であり、深修庵の西に、墻《かき》を隔てて位置していた。院の西軒の外の岩上に小亭があったが、名はなかった。院主の永盛《えいせい》から、名をつけることを頼まれて、「修心」（亭）と名づけた。そして永盛の韻に次して一首を詠み、また回礼使一行の参議趙《ちょう》《チョ》漢《かん》《ハン》の韻に次して二首を詠んで、修心亭主

（永盛）に示した（一一五・一一六節）。

五月五日、端午《たんご》の節句には、狩野殿から菖蒲《あやめ》《しょうぶ》酒を勧められた（一一九節）。菖蒲酒とは、菖蒲の根や葉を切って漬けた酒のことで、端午の節句に飲むと、邪気を払い、万病を治すといわれた。

忌月に魚を食せず

希璟は、「魚を食せず」として、次のような習俗を紹介している。

日本の人は、父母が没すれば、「七々斎」、すなわち四九日の斎を設け、後の年々も、忌日になると斎を設け、一三年（一三回忌）になるまで続ける。

五月一日から「倭輩」は魚を食べなくなった。希璟が、その理由を尋ねたところ、「五月は前王（足利義満）の没後一三年、忌を尽くす月にあたる。そのため御所（足利義持）と国人が魚を食べず、殺生をしない」ということであった。希璟は、孔達・仁輔を呼んで、「日本王は私に対して猜疑心があり、最終的に吉凶どちらになるかわかりません。このような危機がある中で、この国の人が皆魚を食べないでいるのに、吾一人が魚をたべるわけにはゆきません」と告げた。そして、以降、希璟は魚を食べなかった。三日後、無涯亮倪が希璟に「御所（足利義持）は官人が魚を食さなかったことを聞いて歓喜しました」と告げ、それを三、四度繰り返した。希璟は、次の詩を詠んだ。

十三年是《こ》れ尽忌《じんき》の年　国を挙げて人々　鮮《なまざかな》を嚼《しゃく》せず　賓館もまた停む魚肉の饌　王心

喜悦せりと倪の来り言う　（一一七節）

足利義持の希璟への対応が改善されたことは、深修庵の環境を整えることになった。

深修庵の改善

希璟が、庵に着いた当初は、寺堂には尼が日頃座っていた席が並べられていて、庭は尼が荒らしたままで掃除されていなかった。王（足利義持）は、希璟の解説を聞き、人に命じて、堂の部屋は皆新しい座席に入れ替え、庭は草を刈って清掃させた。

そして前述したように、各寺に命じて、交替で食事を用意させて、希璟らを接待させた。使用された器や皿（食器）や食事はみな精を究めており、器は一三日に一回、新しいものと交換した。

希璟が来日した当初は、接待は薄かったものの、「王」（足利義持）が誤解に気づいた後は、左武衛佐《さぶえいのすけ》斯波《しば》義淳《よしあつ》に命じて接待をさせ、義淳は配下の甲斐殿に希璟への接待全体を管掌させた。甲斐殿は、その配下の狩野殿に武士二〇人で深修庵を守護させ、その家人七、八人に各々任務を分担させた。甲斐殿は、自らの私銭によって、一日四回の食事を用意した。その費用は、一日に銭二、三貫を用いるということであった。

希璟は、次の詩を詠んでいる。

猜嫌自ずからありて華人（希璟ら）と接せしに　喜ぶ吾が言を聴きて館対新たなるを

門庭を洒掃して頻りに酒を送る　王心解悟せば紳に書すべし　（一一三節）

最後の「紳に書すべし」の紳は礼服に用いる大帯《だいたい》のことで、「紳に書す」とは忘れないように書き留めておくことをいう。

このように、日本側がどのように使節を応対したのかということは、朝鮮側の関心事の一つであり、評価の基準であった。

狩野殿との交流

希璟は、接待役の狩野殿に「両国（朝鮮と日本）家と為りて太平の日　誇るに堪えたり使を奉じて此に来遊するを」という詩を贈り、希璟らを接待する任務の意義を伝えた（一二四節）。

また足利義持は、狩野殿を通じて、法光明院にて沐浴《もくよく》することを希璟に勧めた。希璟は、浴後、二首を狩野殿に示し、「梵宮の湯水は温泉に似たり　浴後身は軽く骨は仙とならんと欲す」（二首目）と沐浴した心地よさを詠む一方、「喜び看たり監護の王語を将《つた》うるを　尊酒もて来たり使者を尋ねて遊ぶ」（一首目）、「我れ今また識《し》る王心の厚きを」（二首目）というように、「王」（足利義持）への感謝の気持ちを示すようになった（一二五節）。

希璟は、「右武衛《うぶえい》」（左武衛の誤り。斯波義淳）を「王の次人」、すなわち将軍家に次ぐ家格の人だと述べている。希璟は、義淳から二、三度、甲斐殿を通じて賛を求められ、地蔵《じぞう》を描いた水墨画に寄せた賛を『老松堂日本行録』にも記している（一二六節）。また甲斐殿から獼猴《びこう》（おおざる）の掛け軸に、また元容周頌の獼猴の掛け軸二軸に賛を求められ、執筆している（一一七・一一九節）。

室町殿の御成

室町殿（将軍、御所）は、大名ら家臣の屋敷や寺社を訪れる御成《おなり》を頻繁に行った。大規模なものには、南都下向《げこう》や東寺御成《おなり》であるが、それ以外にも、日常的に京都の大名屋敷や寺社を訪れていた。御成は、室町殿と大名間の主従関係を確認し、また室町殿が寺社の外護者であることを誇示するというような政治的な意味の他、大名や寺社は室町殿に多くの進上品を贈るため、幕府財政を補塡する役割も持っていた。

＊御成やそれにともなう贈答については、金子拓『中世武家政権と政治秩序』吉川弘文館、一九九八年。桜井英治「『御物』の経済」（『国立歴史民俗博物館』第九二集、二〇〇二年）を参照。

試みに、大沢久守《ひさもり》『山科家礼記』の応永一九年（一四一二）正月の記事をみると、足利義持は、次のようなスケジュールで「渡御《とぎょ》」や「御成」を行っている。

正月一日　北山院、二日　畠山満家邸、十九日　西御所（高橋殿）、二十日　赤松義則邸、二十二日　山名時煕邸、二十三日　細川満元邸、二十四日　通賢寺殿・善法寺、足利義嗣邸、二十六日　京極高光邸（御成）、二十八日　日野重光邸、二十九日　聖護院

御成の実態

この御成の実態が、『老松堂日本行録』に記録されているので、次にみていくことにしよう。

六月一三日、「王」（足利義持）は、甲斐殿の屋敷に行った。甲斐殿は、宴を設けて、物を奉った。

希璟は、この御成の習俗について、次のように説明する。

日本のこの法は、（前年に）来年某月某日、王が某殿の家に行くことを決められる。某殿は別に王を迎える堂を構え、王に奉る物として弓・剣・鞍馬・銭物は別に求めて備蓄し、また水陸の味を求めて、（家臣間で）互いに勝ちを競う。

その日、王がその邸に行けば、主人は妻を率いて庭に出て王を迎える。王は、武衛（斯波義淳）や管領（細川満元）ら二、三人を率いて来た。主婦（妻）は王を迎えて、堂に上らせて酒や料理のもてなしをし、夫は堂の外において賓客を接待する。王が入るのを許して後、夫は堂に入る。王は、酒に酔った後、浴室に入る。主婦は王に随い入り、王の垢擦《あかす》りをする。これは、日本の子孫相伝の法である。

御成の日程が、前年に定まっていることや、室町殿を迎える家臣たちがその接待を競争していることがわかる。さらに接待の中身としては、家臣の妻の役割が大きいことがわかる。

さらに希璟は、魏天の次のような言葉を記している。

今の王は、この法に基づいて神堂（仏堂）に行き、直僧に仇問《きゆうもん》した。珠家についても同様である。酒を飲み入浴して、僧の妻と通じ、宮に還り、その妻を入れて妃とした。一人の子を生んだので、その僧に他の妻を娶らせた。ある寺社を訪れた室町殿は、接待僧の妻と関係を持って子を産ませた上、その妻を自身の妃とし、僧には別の女性を娶《めと》らせたというのである。

そして希璟は、次の詩を詠んだ。

修篁処々にありて名園に似たり　甲斐は堂深く酒筵《しゆえん》を設け　主（足利義持）を迎えて
觴《さかずき》を勧む　最も奇《あや》しき事なれど　扶桑（日本）の風俗にて子孫に伝えたり
（一二八節）

このような御成の習俗を「最も奇《あや》しき事」としつつも、日本の風俗として子孫に伝えられていると認識している。

足利義持との接見

六月一六日早朝、希璟は、「王」（足利義持）に接見するため、嵯峨の宝幢《ほうどう》寺に向けて出発した。

希璟らは次のような順序で行列を組んだ。先頭を倭（武士）五人が、弓や剣を執って進み、朝鮮の螺匠四人が左右二列に分かれて続く。担交床二人が次に行き、倭二人が「冠」（烏帽子《えぼし》）を着けて手を拱《こまね》いて馬の前を分かれて行く。希璟は、大紅衣に胸背（官服の胸と背に貼付する表章）を着け、頂玉玉纓《ちょうぎょくぎょくえい》の笠を着け、馬の手綱を持って徐行した。従事官・通事・押物・伴人・従人《じゅうにん》らあわせて十余人が馬に乗って希璟に随行した。倭（武士）六人が弓や剣を持って随ってきた。老若男女から僧・尼に至るまで、路を塞いでこの行列を観た（一三〇節）。博多と同様に、京都の人々が大きな関心を寄せた様子がうかがえる。

宝幢寺は、臨川《りんせん》寺の東にあった臨済宗の天龍《てんりゅう》寺派の寺院で、一三七九年（康暦元）、足利義満が春屋妙葩を開山として建立《こんりゅう》し、同時に開山堂として鹿王院を建立している。希璟は、同寺の塔頭《たっちゅう》であった松月庵に到着して馬から下りた。同庵の主僧（庵主）が希璟を迎え、堂に上らせて、慇懃に食事の接待をした。

しばらくして「王」が、同寺にやって来た。希璟は「王」に見《まみ》え、書契を伝えた。その時、「王」は僧を介して、「官人、諸寺を遊観せよ」と告げた（一三〇節）。

京都の遊覧

天龍寺に遊ぶ

希璟は、「王」の言葉の通り、まず天龍寺を遊観した。

天龍寺は、京都市右京区嵯峨天竜寺芒《すすき》ノ馬場町に所在する臨済宗寺院である。山号《さんごう》は霊亀山。開山は、夢窓疎石《むそうそせき》。足利尊氏と直義兄弟が、後醍醐《ごだいご》天皇の冥福を祈るために一寺の創建を発願《ほつがん》し、一三三九年（暦応二）に造営を決定し、後醍醐天皇七年忌の年にあたる一三四五年（貞和元年）に落慶法要《らくけいほうよう》が行われた。その間、尊氏は造営費を得るために、天龍寺船を派遣して元《げん》との貿易を再開した。開創と同時に五山《ござん》第二位に列せられ、一三八六年（至徳三）に同第一位、一四〇一年（応永八）に相国寺《しょうこくじ》と交替して第二位となったが、一四一〇年以後は第一位に列せられた。

希璟は、天龍寺や日本の寺院について、次のように述べている。

禅寺の大刹《たいさつ》であり、山を背にして伽藍《がらん》が平地に並び、朝鮮の檜庵寺《フェアムサ》に似ている（京畿道楊州《キョンギドヤンジュ》の檜巌寺《フェアムサ》であろう）。寺内には、雲居庵《うんご》や修正庵《しゅしょう》という塔頭があり、それぞれ住持《じゅうじ》がいる。僧侶は、二〇〇名近くいる。鴉《あ》青紵糸長衫《さん》・鴉青綃長衫・白苧布長衫をみな着ており、どこの寺の僧もこのような衣を着ている。

日本の寺院には「棟梁僧」はいない。日本のこのような大寺は、みな「富倭の願堂」である。

図3　天龍寺（フォトライブラリー提供）

「棟梁僧」がいないということは日本の寺院が国家の管理下にある官寺ではなく、有徳《うとく》人のような富を持った者たちが祈願するための堂であり、そうした人々の寄進《きしん》によって支えられていると理解したのであろうか。

希璟は、天龍寺について「門前の洞壑《どうかく》は中華に異なり　夏深きも講殿に能《よ》く熱なく　春尽きて禅軒に別に花あり」などと詠んでいる（一三〇節）。

臨川寺に遊ぶ

希璟は、ついで臨川寺を訪れ、寺の主師との間で漢詩を交わした。希璟は、「この寺の主師は国の文書を掌る」としている。主師は、茶を煎じながら、「官人は十日を待たずに、ご帰国が許されるでしょう」と告げ、希璟たちは大いに喜んだ（一三一節）。

臨川寺は、京都市右京区嵯峨天竜寺北造路《きたつくりみち》町に所在する臨済宗天龍寺派の寺で、山号を霊亀山という。もと亀山法皇の離宮で川端殿。後醍醐天皇皇子世良《ときよし》親王の遺命により、一三三〇年（元徳二）元翁本元《げんのうほんげん》を開山に禅寺となる。後醍醐天皇が、一三三五年（建武二）に夢窓疎石《むそうそせき》を開山とし、臨川寺の寺号をもつ寺に改め、勅願所《ちょくがんしょ》とする。一三五三年（文和二）、足利尊氏が十刹《じっさつ》の官刹とし、一三七七年（永和三）、足利義満が五山に列したが、二年後十刹にもどった。同寺は、五山派の主流をなした夢窓派の拠点であった。希璟が寺の主師は国の文書を掌るとしているとしたのは、このことに関わるものだろうか。

西芳寺に遊ぶ

希璟は、西芳《さいほう》寺を訪れている。西芳寺は、京都市西京区松尾神ヶ谷町にある臨済宗の寺院で、苔のむした庭園はつとに有名で、俗に苔寺《こけでら》とよばれ、洪隠《こういん》山と称する。天平《てんぴょう》年中（七三九〜七四九）、行基《ぎょうき》の開創で、畿内四十九院の一として自作の阿弥陀像を安置し西方寺と号したという。一三三九年（暦応二）松尾神社の社《しゃ》司《し》摂津守藤原親秀が再興して禅寺に改め、夢窓疎石を請じて開山とし、その寺名を西芳寺と改称した。

庭園は、北方に高く南方に低い地形を巧妙に利用し、山麓からの湧泉《ゆうせん》を引いて黄金池を湛《たた》え、池中の二島（中島）には白桜・翠竹と名づけた。池辺に瑠璃殿・西来堂などの仏殿、湘南亭・潭北亭と呼ぶ庭園建築を配した。

希璟は、西芳寺の庭園を次のように描写している。

この寺は、東軒の下に大きな池をうがち、池の中に三つの小島（中島）を築いている。第一の島は青松を植え、白い砂を敷き、亭を作っている。第二の島は、小楼を構え、西の島の楼上に各色の舎利《しやり》を蔵している。水は花林より下って流入する。池には遊魚が満ちており、鴨が浮かんでいる。第三の島に往来する時に乗る小舟がある。池の三面は花や木が鬱蒼として、それらを剪《き》って二層としている。山には松や竹が満ちている。

このうち第一の中島にあった亭は、湘南亭のことだろう。そして次の漢詩を詠んだ。

花林池水は清涼を作《な》し　松竹烟霞午梵長し　半日坐し来りて勝事を探れば　東区にも自《おの》ずから一西方あり　（一三二節）

等持寺の僧との交流

六月一七日、希璟は、元璞恵珙と元容周頌に対し、「王」の言葉によって諸寺を遊観したことを感謝する二首を贈った。そのうち一首では、

移禅宮に出でて信文《しんもん》を読む　寺楼は佳処にして饋は兼珍《けんちん》　今王礼を尽くすこと前古に超えたり　蓬萊より回去して我が君に奏せん

「幕府から諸寺に希璟の接待を命じた移（回状）が出され、王は世宗の信文（書契）を読んだ。寺楼は佳き処であり、接待の食事はごちそうである。今王が尽くした礼は従来をしのぐものであり、蓬莱（日本）より帰国したならば、我が君（世宗）に奏上しよう」というもので、日本側の厚待に謝意を示している（一三三節）。

無涯亮倪が希璟のもとを訪れ、「朝鮮の殿下はなぜこれほど多くの物を我に送ってくれるのか。必ずや馬島（対馬島）が朝鮮に寇するのを禁じさせよう」という「吾が御所」（足利義持）の言葉とそれを再び発言していることをを伝え、もし希璟の持参している書契の内に、「馬島朝鮮に寇する」の語があれば、必ず少弐殿（少弐満貞《みつさだ》）が困るだろう。今その語がなかったので、御書は少弐殿にこのことを問わなかったと説明した。無涯亮倪は、このように言ってきたのは三度あった。希璟は、次の詩を詠んだ。

聖主（世宗）の恩栄は紫宸《ししん》より降《くだ》り　桑王（日本王、足利義持）感悦して交隣を願えり
来書にもし島中の事あらば　二殿（少弐満貞）応《まさ》に被罪の人と為《な》るべし　（一三四節）

深修庵で立秋を迎えた希璟は、「日々帰を思えども帰ること未だ得ず」という帰国への思いを詠んだ（一三五節）。

元璞恵珙と元容周頌に対し詩を示した際には、

秋となれば西風が起《た》つ。本国（朝鮮）に向かう回船は、時に西風が起てば、逆風にな

って去り難い。　　　　（一三六節）

というように、秋の逆風による帰国の困難さを苦慮している。

希璟は、僧が扇を持ってきて、書を求めたのに応え、枇杷《びわ》を描く扇に一首、江山を描く扇に二首を題した（一三八・一三九節）。梅の実を贈られたことに感謝し、「一枝に梅子熟す　折りて送れば千銭に直《あたい》す」と詠んだ（一四〇節）。修心亭の「主師」の永盛から、花堂に誘われて、香を焚き、茶を煎じた。亭の様子を詩に詠み（一四一節）、また亭に題する詩を詠んだ（一四三節）。僧可蔵の韻に次し（一四二節）、心蓮院の大輔・中将という二人の僧に詩を贈った（一四四節）。

無涯亮倪との別れ

六月二五日、無涯亮倪書記が希璟のもとを訪れ、「今日御所が（朝鮮国王あての）書契を作成させました。後日、官人は出発できるでしょう」と告げた。希璟は、亮倪との別離の詩を次のように詠んだ。

書記風標（風采）秀《ひい》づ　槎《さ》（いかだ）に乗りて王墀《おうち》（宮殿の前庭）を拝せり　半年同《とも》に笑語し　今日分離《わかれ》を見る　遠く去る五千里なれど　応《まさ》に思うべし十二時《とき》　江湖に鴻鴈《こうがん》到らば　惜しむなかれ咏秋の詩

そして「二月一五日、東莱釜山浦にて船に乗って同行し、四月二一日王所（京都）に到り、六月二六日相別れる」という内容を詩に注記している（一四五節）。

狩野殿との別れ

六月二六日、元璞恵珙と元容周頌がやってきて、「明日、本国へ出発せよ」という王の言葉を伝え、朝鮮国王世宗あての書契と礼物を呈して去った。そして監護の狩野殿と別れを告げた。希璟は狩野殿を「藤、醇《じゅん》にして且《か》つ直、我れに向かえば愛にして敬たり」と評し、「最初から接待の事を全掌し、日ごとに謹慎を増し、ほとんど倭風が無く、我が国（朝鮮）の謹厚の人と異なることが無かった」と記す。狩野殿は、別れに臨んで先に泣いてしまい、希璟ら上下の者も皆泣いて別れた。希璟は、次の詩を詠んだ。

我は愛す騰監護（狩野殿）　秉心醇乎《へいしんじゅんこ》として醇　我れと旅瑣《りよさ》（旅にあって困窮すること）の中に遇《あ》い　一見にして故人の如し　中心我れと同じく　交を結びて旧新なし　数月杯酒を同《とも》にし　日久しく弥《いよ》いよ慇懃《いんぎん》なり　今朝忽《たちま》ち袂《たもと》を分かつ　我が心悲しく以て辛《つら》し　朝鮮と日本と　昔より相交鄰す　況んや今一家と為《な》り　星槎《せいさ》（国の使者の乗る船）海門に泛《うか》ぶ　去るも住《とど》まるも一家の内なり　別離何ぞ論ずるに足らん

（一四七節）

狩野殿は、故人（古くからの友人）のようであり、心の中も我と同じだといい、朝鮮と日本とを一家として、星槎を海門に泛べて本国に向けて去ろうとする希璟と、日本に住《とど》まる狩野殿も一家の内だという。数月杯酒を同《とも》にした狩野殿への感謝を記している。

ここで京都に滞在中、日本の風習について述べた箇所をまとめて紹介しておこう。

黒身の蚊

まず、蚊について次のような描写がある。

日本には黒身の大きな蚊が多く、日中においても、空中をうるさく飛んでいる。庭や堂の房（部屋）でも同様である。人は目を開け難く、帳の内に入っても、一匹の蚊が入れば、眠ることができない。

そして次のような詩を詠んでいる。

黒身の蚊子南州に倍す　日ごとに簾《すだれ》鉤《かけ》に在り屋頭に満つ　長喙《ちょうかい》膚を噬《か》めば眠るを得ず　帳中に危坐し人を駆《お》わしむ　（一二一節）

黒身の大きな蚊――ヤブ蚊の大きさは、「南州」すなわち朝鮮半島南部の慶尚《キョンサン》道《ド》・全羅《チョルラ》道《ド》などの蚊の倍もあるという。

また希璟は、「扶桑の酷熱は中州に倍せり」で始まる日本の酷暑を詠んだ詩も作っている（一二八節）。

日本の奇事――遊女と男色

「日本の奇事」として、次のように性に関する観察を述べている（高橋公明「外国人の見た中世日本」）。

まず遊女の記述である。

日本の俗、女は男に倍している。そのため路店にいけば、その半分は遊女である。店の女は、通行人を見れば、すぐに路に出て宿泊を請い、もし拒否されれば、その衣（の袖）を執って店に入らせる。客から銭を受け取れば、昼であってもついて行く。けだしその州々村々は皆海辺にあったり、江（川）に沿った場所にある。その江や海の気を孕むため、その「生女」はたいへん姿色がある。

傾城《けいせい》（遊女）については、これとよく似た記述が、申叔舟《しんしゅくしゅう シンスクチエ》『海東諸国紀《かいとうしょこくき》』「日本国紀」の「国俗」に次のように見える。

富人は、女子の帰るところの無い者を取り、衣食を給し、これを着飾らせ、号して傾城となす。（彼女たちは）過客《かかく》（旅人）を引き、宿に留め、酒食をもてなして直銭《じきせん》を収める。故に行く者は粮《ろう》を持たない。

次いで男色《なんしょく》についての記述である。

二十歳以下の男子のうち寺に学習する者は、僧徒がその眉毛を剃り、墨で眉を額の上に画き、朱粉を顔に塗り、斑衣《はんい》（がらのある衣服）を被《かぶ》らせて女形として、したがえている。

右の記述は稚児《ちご》について述べたものである。稚児は、寺院や公家、武家などに召し使われた少年を指し、ここでは寺院において、僧の男色の対象となった少年を説明している。

王（室町殿、御所）は最も少年を好み、選んだ少年を宮中に入れ、王の宮妾は多いものの、もっとも少年を酷愛《こくあい》する。「国人」（日本人）がこれに倣うこと、みな王が少年を愛するが如きである。

室町殿がもっとも少年を好み、それが日本人がみな同様であるという。そして次の詩を詠んだ。

清江処々にありて水を郷と為し　遊女姸を争《きそ》いて道旁《みちばた》に満つ　且《ま》た問う王宮に誰《たれ》第一なりやと　塗朱（口紅を塗る）粉面（顔におしろいをつける）の少年郎　（一三七節）

喝　食

希璟は、深修庵において、二人の美しい喝食《かつしき》に出会っている。「深修庵の二小娥」（娥は美女のこと）として希璟が詠んだ漢詩によれば、一〇歳ほどであった。希璟は、次のような「日本の法」を述べる。

日本の法は、男女の童は寺に上っても髪を剃らず、僧衣を着て肉を食べる。これを「可乙只」（喝食）と謂う。一四、五歳になると、髪を剃る。日本の土風は、人は男女を生めば、善き男女各一人を選んで僧尼にする。（一四六節）

喝食は、禅寺で斎食《さいじき》の時、衆僧に食事の順序などを大声でいう小童のことで、喝食行者《あんじゃ》ともいう。のちには稚児を指すようになる。

『老松堂日本行録』帰路を読む

瀬戸内海を進む

京都を出発

一四二〇年（応永二七）六月二七日、夜三更《さんこう》（午前零時頃）、「王の護送の文」、すなわち足利義持《あしかがよしもち》が、宋希璟《そうきけい》《ソンヒギョン》の帰路にあたる領主に護送を命じる文書が届いた。そこで夜半に船に乗り、淀《よど》川を下って兵庫に向けて出発した。そして淀に宿泊した。

淀は、宇治《うじ》川・桂《かつら》川・木津《きづ》川の合流点に近く、京都の外港の役割を果たしていた。魚市が置かれ、淀川を通過する塩や相物《あいもの》を積載していた船のうち、年貢船以外は強制的に着岸させ、京都に入る塩や相物の取引を独占した。その徴収を問（問丸）に委託された結果、問が売買独占権を行使するようになった。取引された商品は京都の塩屋や、郊外の西岡《にしのおか》付近の塩座《しおざ》に配給され、室町時代には、西園寺《さいおんじ》家や三条西《さんじょうにし》家に公事《くじ》を納めていた。

希璟は、室町幕府との交渉を振り返り、「王の怒りがまだ解けなかった時は、吾はほんとうに危なかった」とし、漢詩では、自らを異境の地に囚われの身となった「楚囚」になぞらえ、「幾《ほと》ど虎口を塡《ふさ》がんとして思いは収め難し」と詠んでいる（一四八節）。

希璟らは、摂津国尼崎《あまがさき》に宿泊する。ここでは、三毛作《さんもうさく》についての著名な記事を残している。

三　毛　作

日本の農家は、秋に「沓」（朝鮮で水田のこと）を耕して、大小の麦を蒔き、明年初夏に大小の麦を刈って苗種を蒔き、秋の初めに稲を刈って木麦（蕎麦）を蒔き、冬の初めに大小の麦を蒔く。一枚の「沓」に一年に三度蒔く。川が塞がれば「沓」とし、川が決すれば「田」（朝鮮では陸田のこと）とする。

一枚の水田で稲・木麦・麦の三毛作が行われていたことを述べている。そして漢詩を次のように詠んだ。

水村山郭に火烟《かえん》斜めなり　役なく人閑《のど》かにて異事多し　耕地は一年三たび穀を刈る

若し仁義を知らばまた誇るに足らん　（一四九節）

日本が仁義を知る必要性を揶揄《やゆ》しつつ、三毛作という集約農業をたたえている。

鎌倉時代、西国《さいごく》では二毛作が普及し、室町時代には東国《とうごく》まで広がっていた。右の記事は畿内では三毛作が行われていたことを示すもので、三毛作に関する唯一の史料である。もっとも希璟が尼崎に滞在していたのは、夏から秋に移り変わる時期のみなので、右の認識は、人から伝え聞いた情報に基づくものである。

兵庫と牛窓

ついで希璟ら一行は、兵庫に宿泊し、浄土宗の長福寺を訪れた。そこから見える光景を次のように詠んだ。

舟を繋ぐ滄海の曲　尋ね入る梵王の宮　帆影は前浦に飛び　鐘声は遠空に動く　窓外に修々たる竹　庭中に落々たる松　水亭は更に深邃《しんすい》にして　高樹は秋風に起《た》てり

（一五〇節）

「舟を繋ぐ滄海の曲」「帆影は前浦に飛び」というように兵庫の光景を詠んだ。

七月三日、兵庫を発するも逆風に遭い、日没のため、室津《むろのつ》に宿泊した。

七月四日、希璟らは室津を出発し、備前《びぜん》国の牛窓《うしまど》（現、岡山県瀬戸内市）を過ぎた（一五一節）。牛窓には、近世の朝鮮通信使《ちょうせんつうしんし》の宿所となった本蓮寺《ほんれんじ》がある。

下津井—海賊の恐怖

そして備前国下津井《しもつい》（現、岡山県倉敷市）に向かった。その地は「海賊居する所」であった。そのため希璟は、詩に「賊塁雲屯（雲のように集まったさま）路《みち》通ぜず　此の地より生還するは天幸のみ」と詠んだ（一五二節）。

下津井は、児島《こじま》半島南端の港で、前方の櫃石島《ひついしじま》（現、香川県坂出市）によって風波が遮られ、天然の良港になっている。

希璟の船には、護送船が同行していた。備前国に入って、出船の際に、「護送倭」の藤資職が乗船を請い、希璟への接見を求めた。希璟はこれを許し、資職が船に上った。希璟は資職に酒を飲ませ、資職もまた酒を自分の船から持参してきており、希璟にそれを勧めた。希璟は、「護送上船して杯酒を勧む　扶桑《ふそう》（日本）にもまた憐れむべき人（資職のこと）あり」などという詩を書いて、資職に示した（一五三節）。

七月七日、下津井に向けて出発したところ、逆風のため港には入らずに、海辺に停泊した。護送船は西へ向かって過ぎ去り、分かれて人家に入っていった。日没の頃、北から希璟の船に向かってくる船があった。一行は、海賊だと思って恐れ、旗を張り、鼓を鳴らし、甲《よろい》を被り、弓を持って立った。希璟も甲を被った。近づいてきたその船に尋ねたところ、「魚を捕らえる船だ」と答えがあった。だが船を見ると、船中には人が多く隠れており、逡巡《しゅんじゅん》して去ろうとしない。一行は皆海賊と疑い、色を失った。にわかに護送船がやって来た。希璟が海賊船の疑いがあることを説いたところ、護送船は希璟の船を下津井に引き入れ、その地に宿泊することになった。夜がふけても、その船はまだ去ろうとしなかった。「どの場所でも、このように心を驚かすことばかりだ」と希璟は、感想を書いている。そして従事官の孔達に詩を示し、「七夕なれど人の酒盃を勧むるなし」「王事を将《もっ》て身の殆《あやう》きを念《おも》わんや」と詠んでいる（一五四節）。

このように希璟らは、護送船によって警固をされつつも、常に海賊の危険に怯えながら、瀬戸内海を西に進んでいった。

再び尾道に泊す

七月八日、希璟らは備後国尾道《おのみち》に停泊した（一五五節）。そこで海賊船一八隻が集まっており、帰路に希璟の船を待って、食料を請うという話を聞いた。また風が不順のため、出発することができなかった。そのため尾道に一〇日以上滞在することになった。希璟は「絶域に淹留して百憂翻る　誰か識《し》る此の間の行路の難きを」で始まる詩を詠み、その不安な気持ちを吐露している（一五七・一五八節）。

往路でも、希璟らは尾道に停泊したが、今回も天寧寺《てんねいじ》や、浄土宗の宝土寺《ほうど》を訪ねている。「禅の大刹《たいさつ》」である天寧寺の光景を、次のように詠んでいる。

再び山寺に来りて風櫺《ふうれい》（櫺は、てすり）に倚《よ》れば　竹影扶疎《ふそ》（四方に広がるさま）として院宇清し　老衲《ろうのう》（老僧）床に坐して妙法を観じ　沙弥《しゃみ》巻を開いて禅経を学ぶ　庭中の一塔は江に臨みて白く　墻畔の長松は石に倚りて青し寺の北に大石あり。　半日探遊せば勝概（すぐれた景色、勝景）多し　帰朝して応に説くべし此の仙扃《せんけい》（扃は、とびら）。

「庭中の一塔」は、五重塔のことである。

そして希璟は、天寧寺の「法主」（住持）である周冕《しゅうべん》と衆寮《しゅりょう》の梵道《ぼんどう》との交流を深め、彼らに詩を贈っている。禅院において、坐禅を修する僧堂に対し、経典や語録などを読み智慧をみがくところ、あるいはそれを管理する役僧を衆寮という。希璟は、詩の前に長文の序を書いて、彼らとの交流を次のように説明している。

尾道は人居は稠密《ちゆうみつ》であるものの、ともに語るべき者はいない。

尾道の旁らに海雲山があり、山には天寧寺がある。法主周冕・衆寮梵道両師は、言葉は異なるけれども、ともに語るべき者である。

大抵の僧侶は、人に憎まれることが二つある。一つ目は、中国の人ではあっても、その行を偽りて世を惑わすことである。二つ目は、その言を偽って自らを利することである。外国《げこく》の人ではあっても、もしこの二つが無い者であって、その言が偽りではなく、その行が偽りではなく、道に近ければ、ともに語るべきである。今日本は僧侶を崇信することは、州（都市）から村に及び、僧舎が家のほとんど半ばを占めている。その髪を削って寺に居する者は、平人の倍にものぼっている。

予は旅路において二師と一見し、これと相共に語った。そのやさしい言葉は情詳らかにして、情意は懇《ねんご》ろである。すなわち言葉は異なっているけれども、理は我と同じためである。また二師は、その法に明るく、詩を能《よ》くしている。法と詩を日本に求めるならば、二師が最上に居られる。ましてや朝鮮と日本は世々隣好がある。今我が殿下（世宗）は、文を仁とし武を義とし、天を楽《やわら》げ小を字《いつくし》んでおられる。遣使往来和好の際、二師と一見してから古くからの知り合いのように、言葉は異なってはいるが、情意ははなはだ篤い。そのため禅房（天寧寺）と楼船（希璟の乗船）とを数日おきに往来し、或いは共に松竹を吟《ぎん》じ、或いは共に海山を望み、香を焚《た》いて茗《めい》（茶の別名）を煮《い》れ詩を賦《ふ》し相詠《えい》じて、共に太平の秋を楽しんだ。予がはなはだ愛するところである。詠じた詩篇は、禅房に奉呈した。

そして「永楽庚子（一四二〇年）秋七月二十日。朝鮮国回礼使奉正大夫僉知承文院事直集賢殿老松秀才筠亭宋希璟正夫、肥厚州（備後州）小尾途津口（尾道）に到泊して書す」と記している。

周師に示した詩では、「桑域（日本）に幾多の寺あれど　師の如きは見ること最も難し」と詠んでいる（一五七節）。

希璟は、梵道を「上人《しょうにん》」と呼んでいるが、彼は希璟の船を訪れたことがある。その折には急に風雨が起きたため、梵道は急いで寺に帰っている（一五九節）。

七月二二日、希璟一行は、尾道を出発し、海賊の拠点のある高崎を過ぎた（一六一節）。

蒲刈の海賊—上乗

同日申《さる》の時（午後四時頃）、安芸国蒲刈《かまがり》（現、広島県呉《くれ》市）に到泊した。この地は「群賊」（海賊）の居住する所で、「王令」（将軍の命令）が及ばず、統制がとれないため、護送船もなかった。一行の者たちは、皆海賊を疑い恐れていた。たまたま日が暮れてしまい、この地を過ぎ去ることができなかったので、賊の家を望みながら船を停泊した。

その地には、東西の海賊があり、東より西に向かう船が東賊一人を乗せていれば、西賊はこれを襲わない。同様に、西から東に向かう船が西賊一人を乗せていれば、東賊を襲わない。そこで瀬戸内海の東から西へ向かっていた宋希璟一行は、東賊一人を乗せることとし、宗金《そうきん》は銭七貫を渡して東賊一人を買って船に乗せた。

その賊は、小船に乗ってやって来て、「吾が来たのだから、どうぞ官人（宋希璟）はご安心ください」と言った（一六二節）。

右は、海賊による上乗りについての著名な記事である。村井章介氏の『老松堂日本行録』校注によれば、芸予諸島中《げいよしよとう》の上蒲刈島《かみ》と下蒲刈島《しも》を隔てる瀬戸に臨んで、向浦《むかいうら》と三之瀬《さんのせ》が相対しており、向浦が東賊、三之瀬が西賊の本拠であると考えられる。

蒲刈周辺の海域は、室町幕府による統制が及ばない地帯であった。そのため海の秩序を幕府ではなく、海賊による自力救済によって維持していた。海賊は、東西に分かれてなわばりを持ち、通行船の警固を行い、警固料《けいごりよう》を徴収していた。これまで宋希璟の一行を警固する護送船があったが、ここには護送船が使えず、海賊の上乗りによって安全を守ろう

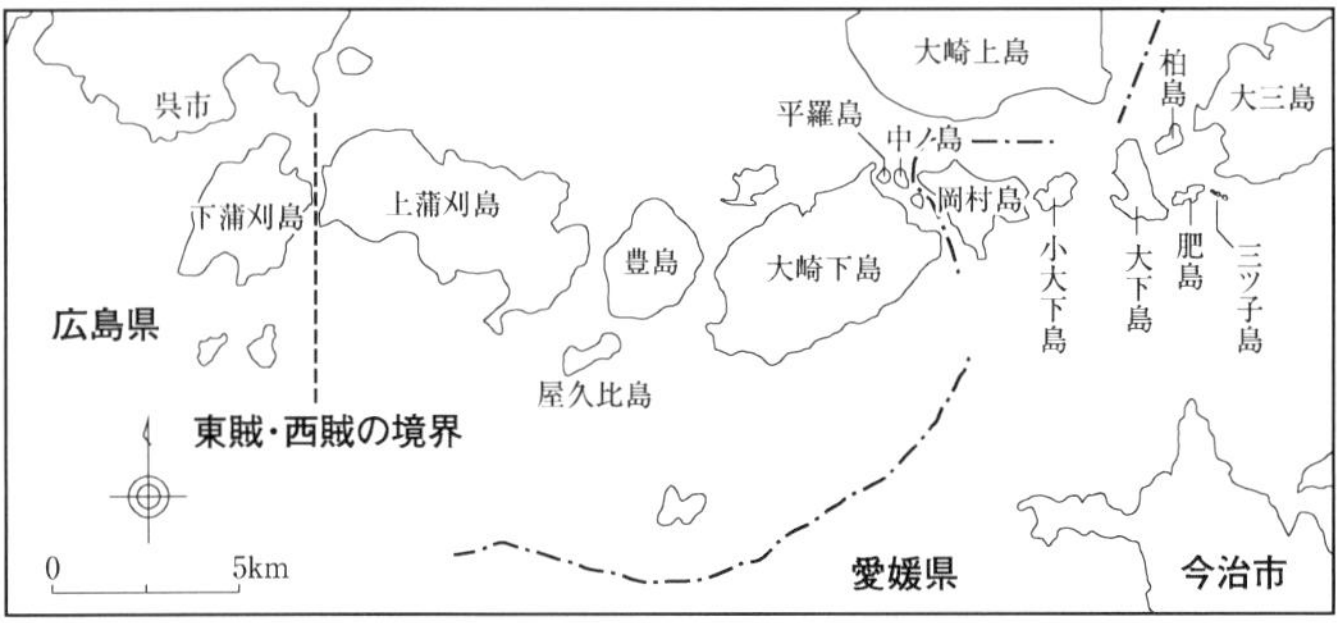

図4　宋希璟の行路（2）—蒲刈周辺の瀬戸内海（安田次郎『日本の歴史7』小学館，2008年）

としていたのである。

海賊「魁首」への親近

その後、その賊は西賊の家に向かい、まもなく還ってきて、「我がかの人（西賊）に説いたところ、かの人は、『近くの家に来て宿泊されよ』と言ってきました。願わくは、官人は一時その家に移って泊まられるのがよろしいでしょう」と言い、宗金の船に戻っていった。

西賊のいる島の人は、その姿が粗暴なことは、対馬島の倭と同じであった。島の老若男女が、小船に乗って争って希璟の船までやって来て、船に乗り希璟に見《まみ》えることを請うてきた。希璟はそれを許した。海賊たちは、上船して船を見た。希璟は、落ち着いて座っていた。

上船してきた海賊の「魁首」の僧の起居は、他の海賊と異なり、「吾人」（朝鮮人）と異なることはなかった。そのため、希璟は、「魁首」と語り、欣然としてやりとりをし、その求めに応じて彼の鞍子《あんし》を人に命じて見せた。船の奥深いところまでも「魁首」に見せた。

そして「魁首」の僧は、希璟に明日の帰路を指し、そして下船して「魁首」の家に行き、喫茶することを請うた。そして話が終わった後、乗ってきた船に乗った。「魁首」が船中で仲間と相談していることを、希璟は、押物《おうぶつ》の金《きん》元《げん》《キムウオン》に密かにその言を聞かせたところ、「朝鮮の船はもともと銭物が無い。後から来る琉球の船は宝物を多く載せている。もしその船が来たならば奪い取ろう」と言っているという。相談が終わって、船は戻っていった。

この琉球船は、一四一九年に琉球国中山王《ちゅうざんおう》尚巴志《しょうはし》が幕府に派遣した二艘のことである（「大館記」）。『老松堂日本行録』跋語に、幕府が琉球船を拘留したことがみえる（佐伯弘次「応永の外寇と東アジア」）。

希璟は、宗金の船とともに、賊の家に一時近づいて泊まった。希璟は、「魁首」の僧の家に下りて喫茶して、その住まいを見たいと思った。だが、希璟に同行している博多の表三甫羅（兵衛三郎）が、「ここの人心は測りがたいので、願わくは、官人は船を下りられることのないように」と止められ、下船しなかった。「魁首」もまた希璟の船には来なかった。希璟は、次の詩を詠んだ。

海山回《めぐ》る処に懸岸あり　板屋柴扉《さいひ》は水に向きて開く　船上にて看を求め還《ま》た路を指し

また言う家裏に茶を喫《の》みに来れと

板屋の柴扉（柴で作った戸）が水に向けて開いているのは、海賊の家の描写であろう。（一六二節）

あれほど海賊を恐れていたのに対し、「魁首」と積極的にやりとりをしているのである。しかも宋希璟は、同行の押物金元を通じて、魁首が、朝鮮の船は銭物がないので、宝物を載せた琉球の船を襲撃しようということを話したことを聞いた上である。もっとも、だから自らが襲われる危険性はないと思ったのかもしれないのだが。ここには、海賊への恐れはみえない。

その大きな要因は、「魁首」の僧が、希璟をも納得させる教養を持ち合わせた人物であった。安田次郎氏は、彼が朝鮮人であった可能性を示唆している（安田次郎『日本の歴史七　走る悪党、蜂起する土民』）。ただし、希璟の記述には、そのことは明記されていない。海賊の頭目の中には、高い教養を持った人物がいたことは、指摘できる。

ここまで、各地で希璟はさまざまな日本人たちと接触してきた。京都では、将軍足利義持や幕府の重臣らとも会っている。そのような経験に加えて、「魁首」が朝鮮人と同じような振る舞いをしていることが、宋希璟を安心させたといえる。希璟が旅を通じて得た経験によって、日本人、中でも海賊に対する意識を変えていったことを示している。

難破の危機

蒲刈に停泊した晩、希璟は、坐したまま仮眠をとっていた。五更（午前四時頃）になり、「月が上って、風よし」と言う声があったので、希璟は篙工《こう》（船頭）を呼んで出発させた。夜更けだと言う者もいたが、希璟はその者を罵《ののし》り、発船を促し、未明に賊の家を過ぎて海口に出た。平明にて順風のため船は快調に進んだ。

ところがにわかに天が曇り、徐々に雨風が起こり、波が険しくなった。希璟は恍惚《こうこつ》として房に入って臥せっていた。すると篙工の騒ぎ出す声が聞こえてきた。希璟が起き上がって、様子を見たところ、船尾の孔《あな》が雨に湿って、櫓《ろ》が回らなかった。篙工と伴人金貴《きんき》《キムクイ》・従人金生《きんせい》《キムセ》ら数人が櫓《ろ》を回そうとしたが、回らなかった。船は風に流され、速度を上げていく。金貴は炊飯処に走って行き、腕のような短木を見つけてきて、櫓頭の小孔《こう》の中にはめて力を入れて回すと、櫓が動き船が向きを変えた。波濤《はとう》は天にまで届くほどで、船は岸壁にほんのわずかの距離しかなかった。皆肝を冷やした。帆席を引き、「黒石西関」に入って船を停泊させた。するとまた大風や大雨となり、樹木は抜け落ち、屋板は飛ばされた。船は波に揺れて、沈没しそうであった。夜通し苦労したが、明け方風が止んで平明になった。皆生を得たと泣いて喜んだ。「黒石西関」に泊して、船中にある水に濡れた装物を曝した。希璟は、次の詩を詠んだ。

暁頭纜《ともづな》を可忘湾（蒲苅）に解き　舟は狂瀾に入りて鬢《びん》尚斑なり　未だ西関に及ばざ

るに風雨悪しく　還《ま》た思う軀命《くめい》（からだと命）一毫の間なるを　（一六三節）

海賊に遭遇

七月二三日夜半、三船が東から過ぎ去っていった。一行は、海賊ではないかと疑った。暁に及んで、船が四、五里進んで、これを望むと、三船が二里ほど離れたところにあって、希璟の船を見て戻ってきて、帆を落として徘徊して去らなかった。希璟の船を待っているようであった。宗金の船の者は、「彼らは海賊だ」という。希璟の船の一行は、皆恐れて、帆を停めて進まなかった。そして小船を送って、護送船を呼んだ。一行は、皆甲を被り、弓を持ち、旗を張り、鉦《かね》を鳴らした。小船に周りの島から水磨石（投石用であろう）を拾わせ、船に載せた。希璟も甲を被って立って、護送船を待った。護送代官の船が来たところ、事情を説明して、共に進んだ。日が没み、希璟らは、周防《すおう》国下松《くだまつ》（現、山口県下松市）に到り、宿泊した。その三船の行方はわからなかった。

希璟は、この様子を詩に詠んでいる（一六四節）。

希璟は、下松を次のように説明している。

この津は人居が稠密であって、桑や麻が村を陰らせ、禾穀《かこく》（稲）が田に満ちている。

我が国の人居に似ている。

そして希璟は、「人居屋を接して平津に向き　桑拓《そうしゃ》（桑と山桑）烟《けむ》り深く、一村を作《な》す」というように下松の光景を詩に詠んだ（一六六節）。

全念寺の僧尼

未明、順風により、下松を出発して赤間関《あかまがせき》に向かった（一六六節）。夜、希璟らは、赤間関に泊した。希璟は、夜中に夢が覚めて、岸上の鐘声を聞いた。「篷底に夢は回《めぐ》りて客耳を驚かす　鐘声雨に和して狂瀾に落つ」と詩を詠んだ（一六七節）。

風に阻まれたため、希璟らは、しばらく赤間関に滞在した。希璟は、全念寺を再び訪ねた（往路に全念寺の記載はない）。

まず赤間関について、次のように述べる。

赤間関の下に浦がずっと続いていて、浦の中に人家があり、その上に僧舎（全念寺）がある。

ついで、全念寺について、次のように説明している。それは、寺内の僧尼に関するものである（井原今朝男『増補中世寺院と民衆』臨川書店、二〇〇九年）。

寺内は、僧が東、尼が西に居住している。仏殿の内では、尼が東、僧は西に座って、常時念仏をしており、夜は経函《はこ》を置いて、僧と尼を隔てて宿す。

念仏を唱えるところからみて、全念寺は時《じ》宗の寺院であったようである。村井章介氏は、『老松堂日本行録』の校注本の註において、『遊行上人縁起絵《ゆぎょうしょうにんえんぎえ》』に「男女の愛恚《あいい》の煩悩《ぼんのう》をさけんが為、僧尼の両方の隔に十二の箱を置く」とあることや、時衆《じしゅ》の所持物に「十二光箱」があることを指摘している。

ここでは、仏殿の中で、尼と僧が東西に分かれて寝泊まりしていることを述べている。前述した博多の念仏寺（六四節）と同様である。

希璟は、寺の様子を見て、船に還った。すると、三甫羅（三郎）なる人物がやって来た。三甫羅は、全念寺の門前に居住する朝鮮人であった。希璟は、三甫羅に対して、「この寺の僧尼は、仏殿の中で常時同宿している。その年齢は若い。僧尼が相犯すことはないのか」と寺の内情を尋ねてみた。三甫羅は、笑いながら、「尼が児を孕《はら》んだ場合、寺には居らず、その父母の家に行き、産後、寺に戻って仏前に臥します。三日後、衆尼が来て、本の席に戻すことを請います」と説明した。寺内に同宿する僧と尼との間で性交渉があり、尼が妊娠すると、実家に帰って出産し、産後は寺に戻って仏道の生活に戻っている。

希璟は、「念仏寺・阿弥陀寺と称するはこのような寺であって、処々みな僧尼は仏宇に同宿する」と説明し、次の詩を詠んだ。

鉦《かね》を撃ちて仏経を念じ　戸を開きて人家を見る　尼室に昏燈掛かり　僧窓に暁月斜めなり　天秋にして島嶼《とうしょ》に来たり　海曙《あ》けて雲霞を出づ　桑域（日本）は奇なる事多し

津（赤間関）に留まりて漢槎（中国式の船）に上る　（一六八節）

前半で全念寺の様子を詠み、「桑域は奇なる事多し」と述懐している。

希璟は、復路、赤間関に停泊した際、通事尹仁輔を悟阿弥のもとに送った。

悟阿弥との出会い

悟阿弥は、赤間関の居僧であり、かつて朝鮮に行き、「上恩」（国王の恩）を受けたという。希璟は、朝鮮に対して誠心のある僧と評している。

仁輔が、悟阿弥に見《まみ》えると、悟阿弥は合掌し、喜び謝して、「君輩は真《まこと》の忠臣です。吾が御所（足利義持）は、朝鮮が去年馬島（対馬島）に出兵し、また本国（日本）に向かうことを聞き、たいへん怒って、兵船を集めて朝鮮へ送り、報復しようとしておられました。今官人（宋希璟）が日本に来て、無事に帰国されます。きっと大平でありましょう」と言った。

そしてにわかに希璟のもとを訪れ、同様のことを話した。希璟は「両国の不和は幸いなことではありません。汝の言の通りです」と答えた。そして希璟は悟阿弥に酒を振る舞い、悟阿弥はそれを飲んで帰って行った。希璟は、次の詩を詠んだ。

王は馬島去年の征を聞き　朝鮮に向け憤兵を発せんと欲す　官人此に来たりて好く節を回《かえ》せば　両国如今《じょこん》（ただ今）必ずや大平ならん

（一六九節）

「足利義持が、朝鮮王朝の対馬侵攻を怒り、朝鮮に派兵しようとしている」というような情報が、赤間関の僧にまで広がっていた。悟阿弥は、日朝間の対立を危惧し、両国の平和を強く切望し、希璟が無事に帰国することをたいへん喜んだ。希璟は、こうした日本僧との交流を通じて、両国の平和への思いを強くしたのである。

博多から壱岐へ

赤間関を出発

七月三〇日の明け方、宋希璟らは赤間関を出発した。東溟《とうめい》に入り、西方の朝鮮を望めば、滄海の茫々とした様子を眼にした。希璟は、一喜一憂して二首の詩を詠んだ。

鼓を檛《むちう》ち鉦《かね》を鳴らして赤間を出づれば　風帆瞬息にして狂瀾に入る　極目（見渡すかぎり）の雲端を望みては復《ま》た望む　滄茫の西北是れ家山（故郷）なり
赤間関外に東溟を望めば　雲際茫々として烟浪生ず　早晩長風の吹き送り去らば　舟を薺浦に繋ぎて王城（漢城）に向かわん
（一七〇節）

希璟は、赤間関から西に乗り出せば、故郷の朝鮮に近づくという意識があった。

志賀島へ漂着

赤間関から博多に向かって大洋に入ると、大風に遭い、宋希璟は、「命は糸毫《しごう》（わずかなこと）に在り」というような心境におちた。船の波にのまれて、何度も寝返りするような揺れが続いた。博多湾の入り口にある志賀島《しかのしま》の外に到ったが、逆風の悪風が吹いて湾に入ることはできなかった。

船は、浪にまかせて勇躍し、沈没しそうであった。希璟は、立つことも臥《ふ》すこともできずに、驚き怖れてたいへん苦しんだ。一人の倭が小船に乗って、希璟の船にやって来た。通事の尹仁輔が、倭に米を与えてその小船を得て、希璟がそれに乗って岸に下《お》りることを請うた。希璟は、ようやく志賀島に上陸できたものの、従事《じゅうじ》・伴人《ばんにん》らは浪が激しくて下りることはできなかった。

希璟と仁輔はその小船に乗って、岸に下りて倭の家（「漁家」）に入った。日が没み、口粮（各自が持っている食料）が絶え、接待を掌る「主倭」もいなかった。倭の妻の老婆が、米飯と酒でもてなしてくれた。希璟は、次の二首を詠み、仁輔に示した。

楼船出没す大風の前　不測の驚濤命は天に在り　那《な》んぞ識《し》らん欻然《くつぜん》（たちまちに）と
して漁店の裏《うち》に　君と相対《むか》いて安眠を得んとは

風濤に漂泊して漁家に下り　危坐すれば憂端は乱麻（入り乱れている麻）に似たり
香飯魚羹《ぎょこう》兼《ま》た酒を勧む　倭婆の礼を知ること最も誇るに堪えたり　（一七一節）

「倭婆の礼を知ること最も誇るに堪えたり」と詠み、老婆の応対に感謝している。

　希璟は、そのまま漁家に泊まった。志賀島の東に水のぶつかる所があり、夜を徹して濤《とう》声《せい》（波の音）があった。希璟は「漁家また自《おの》ずから我に縁なし　夜を徹する濤声は客愁を増せり」という詩を詠んだ（一七二節）。

　こうして希璟は、志賀島の漁民によって救助され、その家に宿泊したのである。希璟にとって、老婆の用意した食事は、詩のように「香飯魚羹」であったことだろう。

志賀島の旦過寺

　八月一日の早朝、志賀島の代官が、希璟が漁家に宿しているのを聞いて、希璟に来謁して、希璟に志賀島の旦過《たんが》寺に移るよう請うた。同寺の「主僧」（住持）の全的は欣然として、希璟を接待した。希璟は、全的に詩を贈り、またその註に志賀島のことを「この島は一峯高峻で、四面が滄海である」と述べている（一七三節）。旦過寺では、「郷関（故郷）杳《よう》として何許《いずく》にかある　登り眺むれば只愁いを生ず」と故郷を思う詩を詠んだ（一七四節）。

　八月二日、雨が漏れるのを避けるため、正庵に移っている（一七八節）。希璟は正庵のことを「庭豁《ひろ》く塔三層なり」と詠んだ（一七五節）。そして石城（博多）を望み、詩を詠んだ（一七六節）。そして志賀島を次のように詠んでいる。

　　孤島は滄海に聳《そび》え　一村は釣汀に依る　冬春樹色を看《み》島中に冬青樹（もちの木）あり。　昼

夜濤声を聴く　沙（砂）上に瘴烟《しょうえん》（悪気や毒気を含んだ煙）起《た》ち　雨中に陰火生ず
魚を売りて常に食を給す　舟子は潮に逆らいて行く島中に田なく、島倭、魚を売りて生く。
（一七七節）

志賀島が滄海にそびえる孤島であり、もちの木があること、そして島には田がなく、島民は魚を売って生業《なりわい》にしていることを述べている。『万葉集』において、「志賀の海人《あま》」「志賀の浦」は「漁火」「塩焼く」「藻刈《もか》る」などの言葉とともに歌われており、こうした海民の姿を希璟も描いている。

博多の旦過寺

七月三〇日から八月二日までは、大風のため出航できなかったものの、八月三日、順風のため、希璟の乗ってきた船（「楼船」）から小船に乗り換えて、博多に向かった。海中に入ると、風浪がまだやまず、沈没しそうであった。乗員は、追い詰められた心境であった。ようやく岸にたどり着いた（一七八節）。

博多では、再び旦過寺に寓した。その「主僧」は、二人の尼と房に坐し、「居僧我れの奇事を知るを忌《はば》かり　来たりて窓頭を扣《たた》くに聴けども開けず」という始末で、なかなか戸を開けなかった（一七九節）。

平方吉久との交渉

日本国王使無涯亮倪《むがいりょうげい》の副使であった、博多の商人平方吉久《ひらかたよしひさ》が、旦過寺の希璟のもとを訪れた。

吉久は、「官人（宋希璟）が日本に来て、無事に帰還されることは、喜ばしいことです」と言い、「今夏、朝鮮の兵船が再び来たると聞き、博多の人々は動揺しております。吾は、この事を吾が御所（足利義持《よしもち》）に申し上げました。これを聞いたならば、官人はきっと帰国は許されなかったでしょう」と言った。博多では朝鮮の兵船の再来が噂されており、その噂を吉久が義持に報告したという。

希璟は、「その言葉は誤りです。今夏博多の人が朝鮮に行って帰ってきた者は一人だけではありません。我が国の兵船が来るか否かは、これによっておわかりになりましょう」と答えた。

吉久は、「わかっております。中間の人の虚言であることは、（九州）探題《たんだい》はすでにご存知です」と言うと、希璟は、「それならば中間にてこのような荒説をする者は、捉えてこれを罰するのがよろしい。なぜそうなさらないのか」と詰め寄った。

吉久は、微笑し「佯《いつわ》り戯れて」、「日本の人がこのように疑うのも仕方のないことなのです。朝鮮の殿下（世宗）は、去年馬島（対馬島）に出兵しました。また馬島の人のうち、朝鮮に行って売買（交易）や漁に行く者をみな捕えて送り返しませんでした。博多の人は、『官人はこうした時に来たのだから、吾が御所は必ず官人を捕えて帰国させないであろう』と皆言っておりました。吾は、初め官人が赤間関に戻ってきたと聞いて、『きっと虚言であろう。どうして来ることができるだろうか』と思いました。今官人が博多に来たのを見て、吾はたいへん喜んでいるのです」と言った。

希璟は、「爾《なんじ》は、その一を知って、まだその二をご存知ではありません。我が殿下が馬島に出兵したのは、馬島の罪です。馬島の人が捕われてまだ還ってこないでいるのも、各々の人の罪なのです。今、我が国は、博多と本国（日本）との間では少しも不和はありません。爾の御所はなぜ我を捕えて送り返そうとしないのでありましょうか」と答えた。吉久は笑って「唯々《いい》（はいはい）」と答え、希璟に妙楽寺に行って、沐浴《もくよく》することを勧めた。希璟は、吉久の気持ちを、次の詩に詠んだ。

年前馬島に大軍加えられ惆捉《こうそく》拘留せられし価客（商人）多し　赤間に到ると聞けども吾れ信ぜず　官人（宋希璟）放送せられる我が王（足利義持）の何ぞ　（一八〇節）

希璟は、妙楽寺の塔頭《たっちゅう》と思われる海印軒に行き、その光景を詩に詠んだ（一八一節）。旦過寺において、丁酉《ひのととり》年（一四一七）に、明《みん》の遼陽《りょうよう》（中国遼寧省《りょうねい》）を過ぎたことと、今回の旅程を対比する詩を詠んでいる（一八二節）。

九州探題との接見

八月四日夜に「老元帥原義珍」（渋川満頼、道鎮、前九州探題）、同五日夜に、「新探提原義俊」（渋川満頼《しぶかわよしとし》、九州探題）がそれぞれ希璟に来見した。ともに「村」（博多の郊外か）に居しているもの、希璟に見《まみ》えるため入来してきた。ともに相見する時刻は、夜初更《しょこう》（午後八時頃）であった。希璟は「華人（宋希璟）と礼見するに白昼を休《や》め　夜中相会すその意知り難し」と詠み、夜に会おうとする彼らの意図を量りかねた（一八三節）。

八月六日、僧蘇禅《そぜん》が、希璟を家に招いて酒を飲んだ。博多商人の宗金や平方吉久も同席した。

宗金らとの交渉
―少弐氏の真意

希璟は、博多に戻ってきて、少弐殿（少弐満貞）への面会を望んでいた。少弐氏が対馬の領主（守護）であることによるもので、少弐殿の反応を知らずにいて、命を辱めることを恐れていた。少弐殿と交際がある宗金に、少弐殿の意向を調べさせていた。

宗金からは、次のように、少弐殿の朝鮮に対する報復の言があるのを聞いた。希璟は、列挙して朝鮮側の意図を解説した。

宗金は、次のように、少弐殿の意向を説明した。

　前日、少弐殿に見えたところ、少弐殿は『官人が博多より朝鮮に戻って、我が言を殿下（世宗）に奏するのならば、我は官人と見えよう』とおっしゃいました。また『朝鮮の殿下は、宗貞茂と和好することが久しい。去年馬島（対馬島）の「児輩」が辺鄙に侵犯した。朝鮮の殿下が、その「児輩」を置くことはもちろん結構である。都々熊《つつくま》丸《まる》（宗貞盛《そうさだもり》）に、その輩を捕らえさせるのもよろしい。殿下はこのようなことはせず、去年六月に馬島に出兵された。もし馬島が勝たなければ、その島は滅んでいたであろう。今吾が壱岐《いき》などに兵船を請えば、三百余隻が一朝にして集まるだろう。その船を朝鮮に送り、人民を殺掠して五、六の州や郡に放火すれば、吾が胸は少しは心地よかろう。しかし両国使臣（日本の無涯亮倪、朝鮮の宋希璟ら）が往来している時なので、そのようにはしなかった。また壱岐・馬島の間に一、二船を送ってこれを留めておき、今使臣（宋希璟）が帰国の際に、捕えてその跡を滅ぼすことができる。だがそれもしないでおこう』とおっしゃいました。

このように、少弐満貞は報復を行おうとする意向をちらつかせた。

希璟は、朝鮮側の意向について、次のように反論した。

宋希璟の反論

少弐殿は、その一を知って、未だその二をご存知ではありません。先頃、宗貞茂は我が殿下に向かい誠を至《いた》し礼を尽くしました。我が殿下はその誠心を知り、これまで多くの米・布を給し、酒肉まで与えました。聖恩は深く重いもので、二十余年一家でありました。去年の春、馬島の賊輩が上国（明）の辺鄙に侵犯し、人民を殺して拉致し、兵船を盗んで帰りました。辺将の報告を受け、我が殿下は激怒しました。また何の暇があっ字小の心があってもそれを置いて問わないことができましょうか。また何の暇があって都々熊丸にこれを処罰させることができましょうか。したがって兵船を送って、これを伐ったのであります。今少弐殿がもし使臣を殺し、馬島に集まる烏合《うごう》の船をもって大国（明）を陵犯するのならば、大国は必ずや大いに兵を挙げてこれを伐ちましょう。このようなことになれば、馬島に遺類がいなくなることは必然であります。これを聞いて、宗金・蘇仙（禅）・平方吉久は、皆「唯々」と言った。

八月七日、希璟が少弐殿の報復の言に対し、その利害を列挙して解説しようとすると、孔達・仁輔は、「黙して去るべきです」と言い、希璟の解説を非とした。希璟は、二人に「人臣は且《しばら》く身の全きを計る莫《な》かれ」で始まる詩を示した（一八五節）。

少弐殿の使との交渉

八月一三日、希璟の解説を聞いた少弐殿は、僧伴八尋長門を希璟のもとに送った。長門は、「朝鮮が馬島（対馬島）に出兵した後、少弐殿は憤られ、今に至っても穏やかではおられないことは、宗金の言の通りです」と言った。希璟は、宗金に話したのと同じように、列挙して朝鮮の意図を解説した。長門は、「官人の言は、一つとして間違ってはおりません。馬島は朝鮮の門のようなもので、また朝鮮の城のようなものです。朝鮮は、対馬を保護して援助を加えるべきです。我が少弐殿もまた朝鮮と和好を修めることを願っております」と答えた。希璟は、少弐殿の様子を次のように詠んだ。

馬島に行兵して主倭（少弐殿）驚き　桀驁《けつごう》（あばれもの）の頑心尚未《いま》だ平らがず　分に安んじ天を畏るれば言聴き了《おわ》り　和好を修して余生を楽しむを願う　（一八六節）

八月一四日、希璟は旦過寺で二首、また中秋《ちゅうしゅう》の雨に一首を詠んだ（一八七・一八八節）。希璟が、病で臥せっていると、代官の伊東殿が酒を贈ってきた。「伊東は可憐なる客　我れをして陶然と酔わしめよ」との詩を詠んだ（一八九節）。

壱岐に到る

八月二〇日、希璟は志賀島を出発して壱岐島に向かった。早朝、大洋（玄《げん》界灘《かいなだ》）に入ると、東から風は大いに悪しくなり、黒浪が天に聳え、楼船（希璟の船）は浪の裏に出没する。船中の人は、驚き怖れて肝を冷やした。希璟は、立つことも臥すこともできず、縄を板の上に懸け、両手でその縄にすがって、船の揺れに応じて終日勇躍し、恍惚としてほとんど死ぬかと思った。一行も皆恍惚として人のことを省みなかった。ただ船主（船長）や領船ら五、六人のみが船中で働いていた。申《さる》の時（午後四時頃）、壱岐に到り、希璟らは「生を得た」。希璟は「誰か識《し》る男児の此の行にあるを」などと、右の苦難を詩に詠んだ（一九〇節）。

朝鮮へ帰る

対馬から朝鮮へ

九月二六日明け方、希璟らは対馬島の「季浦」を出発して、大洋（朝鮮海峡）に入り、朝鮮に向かった。未《ひつじ》の時（午後二時頃）、加徳島《カトクド》を望み見て、上も下も歓喜した。ところが逆風になり、夜三更（午前零時頃）、「季浦」に戻り、停泊した（一九一節）。

九月三〇日、薺浦《チエポ》に入り、船を下りた。京城《けいじょう》（漢城）に向かう途中、金海《キメ》で詩を詠んだ（一九二節）。

漢城に戻る

一〇月二五日、希璟は入京し、早朝、闕《けつ》（宮城）に詣《いた》り、粛拝した。世宗は、便殿《べんでん》に御《ぎょ》した。世宗は、希璟を召し、希璟は王の前に入った。世宗は、日本国のことや往来の風濤辛苦のことを尋ね、希璟が答えた。それが終わって出ると、世宗は酒や食事を賜った（一九三節）。

一〇月二六日、希璟は太宗のいる太上殿に詣った。この日、太宗は豊壌《プンヤン》（京畿道）より楽天亭に来ていた。希璟は広津《カンジン》の西郊にある昼亭に詣り、粛拝した。太宗は帳内に希璟を召し入れて、日本のことを尋ね、酒を賜った（一九四節）。

以上、『老松堂日本行録』を読み進めて、宋希璟の日本への旅をおいかけてきた。

『老松堂日本行録』を読んで

そこからは、日本の中世社会について、多くのことがみえてきた。希璟の任務である日本との外交交渉をみると、足利義持との交渉、すなわち朝鮮国王の国書や礼物を贈ることが主たる任務であったが、それだけではなかった。対馬島の帰属をめぐっては、対馬の早田左衛門大郎と交渉し、宗氏の主家筋の少弐氏の意向を探る必要があった。日本側の外交の窓口が、幕府に一本化されていないのが、この時期の大きな特徴である。また左衛門大郎や九州探題との交渉は、夜、酒を酌み交わしながら行われた。さらに幕府の朝鮮使節への接待、たとえば先に銭を渡してしまうことなどは、日本史料にはみられない指摘である。

そして希璟の船旅は、風雨や荒波による自然による危機や、海賊など人による危機をかいくぐったものである。その中で、希璟の海賊への意識は変化がみられ、蒲刈の「魁首」

の僧には、親近感さえ抱いている。

旅の間、接待役の僧侶や商人、武士の他、多様な階層の人々に会っている。京都や博多、尾道などの禅僧と詩の交換をする一方、対馬の尼や、赤間関の僧悟阿弥と出会い、日朝間の平和を祈念している。

そして日本についてさまざまな観察をしている。たとえば、遊女や男色《なんしょく》、念仏寺と全念寺において僧と尼が同宿することなどの性風俗の描写があげられる。室町殿の御成《おなり》の実態も、本書から知ることができる。

対馬の帰属をめぐって

最後に、対馬の帰属をめぐる、その後の交渉について触れておこう。

一四二一年、宗貞盛の使者である「仇里安」が、宗貞盛の書契を持って朝鮮を訪れた。貞盛の書契には、史籍や古老にあたってみたところ、対馬が慶尚道に属する根拠はないことを主張して、属州化を拒否した（『世宗実録』三年四月戊戌条）。

結局、宗氏は「印信」を受領しただけで、対馬の属州化は実行されなかった。朝鮮王朝の望んだ「巻土来降」も貫徹されずに、対馬の内国化は実現に至らなかった。

その後、朝鮮王朝は、対馬の内国化を求めてはいないが、対馬島がもと慶尚道に属していたとの認識を、その後もしばしば持ちだしている。

『新増東国輿地勝覧』には「対馬島」の記載があり（『新増東国輿地勝覧』慶尚道、東萊県、山川）、「即ち日本国対馬州なり。旧《ふるく》は我鶏林《けいりん》に隷す。未だ何時《いつ》倭人の拠する所になるやを知らず」と述べている。対馬島が現在日本国に属しているとしながらも、もとは「鶏林」（慶州）に属していたとの認識が示されている。その後も朝鮮王朝で作成された朝鮮全図には、対馬島が描かれている。

『海東諸国紀』と復命書にみる中世日本

『海東諸国紀』の成立

次に、申叔舟《しんしゅくしゅう》《シンスクチュ》の『海東諸国紀《かいとうしょこくき》』にみえる日本像について紹介していきたい。

申叔舟

申叔舟（一四一七〜七五）は、諱は叔舟、字は泛翁《はんおう》《ポモン》、号は希賢堂《きけんどう》《ヒヒョンダン》、保閑斎《ほかんさい》《ポハンジェ》ともいう。世宗《せいそう》《セジョン》・文宗《ぶんそう》《ムンジョン》・端宗《たんそう》《タンジョン》・世祖《せいそ》《セジョ》・睿宗《えいそう》《イエジョン》・成宗《せいそう》《ソンジョン》の六代の王朝に仕え、京官と外官の要職を歴任した。一四四三年（嘉吉三）、通信使の正使卞孝文《べんこうぶん》《ピョンヒョムン》と副使尹仁甫《いんじんほ》《ユンインポ》とともに、書状官として日本の京都へ往復した。そして対馬では、宗貞盛《そうさだもり》との癸亥《きがい》約条の締結交渉にも関係した。

一四五二年には首陽大君《しゅようたいくん》《スヤンテグン》（のちの世祖）が謝恩使《しゃおんし》として中国へ行ったのに書状官として随行し、一四五五年、首陽大君が端宗をしりぞける反正を行って即位（世祖）すると、その承認を求める奏聞使《そうもんし》として再び北京へ赴いた。このように世祖の知遇を受け、その反正への功により功臣の号を与えられた。官職は都承旨から芸文館大提学を経て、一四五八年には右議政となり、高霊府院君に封ぜられた。一四六〇年には江原《カンウォン》・咸吉道《ハムギルド》都体察使となり、毛憐衛女真《じょしん》（満州の女真人）の討伐を行い、一四六二年には官人最高位の領議政になった。

一四六八年に世祖が死去したのちは睿宗から成宗の初年にかけて院相の一員として国政に元老的な役割を果たし、一四七五年六月二一日、五九歳で没した。

申叔舟は訓民正音（ハングル）の制定に功があり、また漢語にも造詣が深く、音韻の研究も進めた。また長い間礼曹（六曹の一つで外交担当）の職にあった。そして『成宗実録』の申叔舟の卒伝に「事大交隣を以て己が任となす」とあるごとく、外交に意を用いた。一四七一年には、『海東諸国紀』を撰修している。申叔舟が臨終にあたって、成宗へ「願わくは国家、日本と和を失うことなかれ」と遺言したとの説は、その後、柳成龍《りゅうせいりゅう》《ユンソリョン》が『懲毖録《ちょうひろく》』の冒頭にそのことを記したのが日本へ伝わり、松下見林の『異称日本伝』にも引用された。彼の詩文は、文集『保閑斎集』（『朝鮮史料叢刊』一四）に収められている。

『海東諸国紀』

『海東諸国紀』は、成宗の命により、申叔舟が編纂したもので、一四七一年に成立した。朝鮮王朝にとっての「海東諸国」である日本と琉球に関する研究書であり、外交の実務書の役割を果たした。

同書は、地図と本文とから構成されている。

地図は、「海東諸国総図」「日本本国之図」「日本国西海道九州之図」「日本国一岐島之図」「日本国対馬之図」「琉球国之図」という日本・琉球に関する地図と、倭人が停泊する三浦《サンポ》の地図である「熊川薺浦之図」「東萊富山浦之図」「蔚山塩浦之図」とを収めている。この三浦の地図は、一四七四年に追加された。

本文をみると、まず「日本国紀」があり、「天皇代序」や「国王代序」において天皇や国王（足利氏）の歴代をあげつつ、日本の歴史を述べている。そして「国俗」において、日本の風俗を総括的に述べ、「道路里数」をあげる。ついで「八道六十六州対馬島・一（壱）岐島を附す」とし、「畿内五州」「東山道八州」などと八道に分けた上、各国について記述し、その地理や、朝鮮通交者の氏名をあげて、各々を解説している。朝鮮に頻繁に使節を送っていた「対馬島」と「一岐島」は、八道とは別立てになっている。次の「琉球国紀」は、「国王代序」・「国都」・「国俗」・「道路里数」について記述している。

「朝聘応接紀」は、朝鮮に派遣された日本使節や琉球使節の接待についての規定である。本書が、外交の手引き書たるゆえんである。

そして「畠山殿の副官人良心の曹（礼曹）の饋餉《きしょう》の日に呈したる書契」を付録として追

加している。成化九年（一四七三）九月二日付の文書で、畠山義勝の副使良心が、礼曹の宴に提出したものである。『成宗実録』四年九月庚寅条や『続善隣国宝記』にも収められている。

また「琉球国」として、追加の記載があり、「語音翻訳」の箇所では、琉球語をハングルに翻訳している。田中健夫氏訳注の岩波文庫本では、菅野裕臣氏によって、訳注と解説が付されている。

『海東諸国紀』収載の地図

『海東諸国紀』の地図は、いくつかの原資料をもとに、朝鮮人の手で総括されたもので、印刷された地図である。原資料は、次の三つがある（中村栄孝『日鮮関係史の研究』上巻）。

A　大内氏の家臣であった平井備前入道詳助（備州守源詳助）が蔵していた日本図。一三九七年、大内義弘《おおうちよしひろ》への回礼使《かいれいし》をつとめた朴惇之《ぼくとんし》《パクドンジ》が模写して持ち帰った。

B　博多商人の道安《どうあん》が持参した日本国・琉球国の二枚の絵図。道安は、琉球国王の使節を務めるなど、琉球・朝鮮王朝の間を往還していた。『海東諸国紀』「日本国紀」の道安の説明では、朝鮮王朝から一四五五年に図書を、一四五七年に護軍の官職を受け、大友氏の管下にある。琉球と朝鮮王朝の間を往還した。

C　朝鮮王朝で作成された同時代の絵地図類

このうちCについては、次の二枚の絵図が日本に伝来している（応地利明『絵地図の世界図』岩波新書、一九九六年）。

「混一彊理《きょうり》歴代国都之図」（龍谷大学蔵）

「混一彊理歴代国都地図」（長崎県島原市本光寺蔵）

ともに権近《ごんきん》《コングン》による一四〇二年（太宗二）の題跋《だいばつ》を持つ。

応地利明氏によれば、「海東諸国総図」のうち、「三仏斉《さんぶつせい》」「大身《だいしん》」「黒歯《こくし》」などの本州島南方の図は、龍谷大学系の絵図に基づいている。

天皇・国王・鎌倉殿

天皇と国王

『海東諸国紀』の「日本国紀」は、「天皇」と「国王」とを並列している点に大きな特徴がある。

「日本国紀」は、「天皇代序」から始まる。「天神七代」、「地神五代」から始まり、「当今天皇」の後花園天皇まで述べている。

次に「国王代序」を述べる。日本国王足利氏の系譜を述べている。「国王、姓は源氏なり」という説明から始まっているが、「後白河《ごしらかわ》天皇の保元三年戊寅《ぼいん》、征夷大将軍《せいいたいしょうぐん》源頼朝《みなもとのよりとも》鎌倉を主《つかさど》る」という説明や、足利尊氏《あしかがたかうじ》を鎌倉将軍の世系であるとするような誤りも散見する。

ついで将軍足利義教《よしのり》が、赤松満祐《あかまつみつすけ》に暗殺された嘉吉《かきつ》の変（一四四一年）の経緯を詳しく述べている。

大臣に赤松殿（赤松満祐）という者がいて、その従弟（赤松貞村）は義教のお気に入りだった。義教は、赤松の地を分けて従弟を封じようと考えた。ついに赤松の家臣に語り、家臣は赤松に洩《も》らした。嘉吉元年（一四四一、明では正統六年）赤松は兵を伏せ、義教に請いて、屋敷に招いて宴を催した。義教は兵を盛んにして赤松邸に入った。赤松は「内庁《ないてい》」（赤松邸内の座敷のことか）に入れ、宴たけなわにして廐《きゆうば》馬を放ち、門を閉ざし、伏兵を発してついに義教を殺した。大内持世《もちよ》は、槍を被ったものの、重垣を越えて脱出した。

その後、義勝《よしかつ》、義成《よしなり》、義政《よしまさ》が継いだことを述べるが、義成から義政へ改名したことを、義政を義成の弟であると誤解している。

そして義政を「今の所謂《いわゆる》国王なり」と説明して、日本国王であることを述べる。ただし日本国内では王とは称さずに、「御所《ごしよ》」を称していると述べている。命令を伝える文書を「明教書」すなわち「御教書《みぎようしよ》」と称する。これは、将軍が、花押を書いてその意思を直接伝えた御判御教書をさす。

そして「国王」と「天皇」の関係については、次のように述べている。

毎年の始め（正月）、「大臣」を率いて天皇に一謁し、常時はともに相接することはな

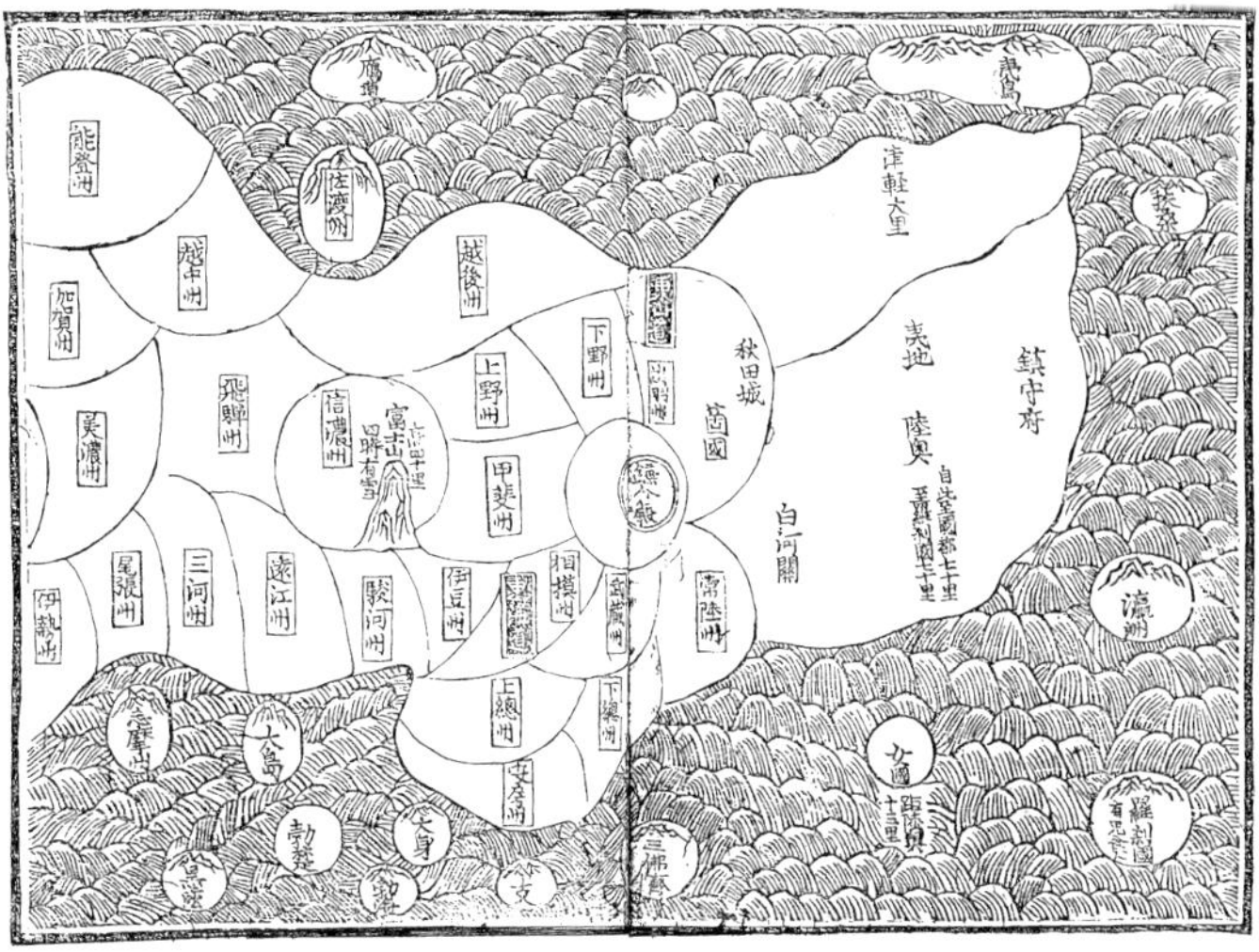

図５　『海東諸国紀』の東日本（東京大学史料編纂所所蔵）

い。国政および隣国を聘問《へいもん》することは、天皇は関与しない。すなわち国政と、隣国との聘問すなわち外交は、「天皇」ではなく、「国王」が担当していると説明している。

本書の「日本本国之図」の山城州は円形に描かれ、その中の「日本国都」の円の上に、右に「天皇宮」、左に「国王殿」が並んで描かれている。「日本国都」「天皇宮」「国王殿」は二重の円で囲まれている。

鎌倉殿と古河

「日本本国之図」の東国に目をやると、東海《とうかい》道《どう》・東山道《とうさんどう》の間に一重の円で囲まれた中に「鎌倉殿《かまくらどの》」（この語は二重の円で囲まれる）という記載がみえる。「日本国紀」

の「上総州」の解説をみると、

上総国は鎌倉殿の居所があり、国の人々はこれを「東都」と呼んでいる。今の鎌倉殿は足利尊氏（「源氏仁山」）の後裔《こうえい》であり、鎌倉より東に拠って、京都の国王（将軍）に二十年余り反抗している。国王がしきりに征するも、なかなか平定できない。

とある。上総州は下総州の誤りであり、この場所は下総《しもうさ》国古河《こが》のことで、「鎌倉殿」は古《こ》河《が》公方《くぼう》足利成氏《あしかがしげうじ》をさしていると考えられる。

関東公方《かんとうくぼう》足利持氏《もちうじ》は、将軍足利義教と関東管領上杉憲実《かんとうかんれいうえすぎのりざね》らと対立し、永享《えいきょう》の乱（一四三八〜三九年）を引き起こし、鎌倉雪《ゆき》の下《した》において自害した。それによって、関東八ヶ国と甲斐・伊豆、奥羽南部を統括していた鎌倉府が滅んだ。一四四〇年（永享一二）に起こった結城合戦《ゆうきかっせん》では、足利持氏の遺児安王丸《やすおうまる》・春王丸《はるおう》を擁立した結城氏朝が、下総国結城城で滅ぼされた。その後、一四四七年、持氏の遺児万寿王丸が鎌倉に復帰し、鎌倉府が復活した。この万寿王丸が足利成氏のことである。だが成氏は関東管領上杉憲忠らと対立し、上杉方との合戦（享徳《きょうとく》の乱）を続ける中で、駿河守護今川氏範《うじのり》に鎌倉を奪われ、古河を拠点にすることになったのである。

『海東諸国紀』の「日本本国之図」や「日本国紀」は、このような東国の新たな情勢を踏まえているのである。そして古河を「東都」すなわち＝東国の都・首都とする認識が示されていたといえる（榎原雅治「一揆の時代」、同編『日本の時代史11　一揆の時代』吉川弘文館、二〇〇三年・市村高男「歴史を見る目、地域を見る目」、古河歴史シンポジウム実行委員会編『古河の歴史を歩く』高志書院、二〇一二年）。

『海東諸国紀』にみる日本の風俗

再び「日本国紀」の記述に戻り、「国俗」の箇所に注目してみよう。これは日本の風俗について列挙したもので、申叔舟自身が見聞したことや、日本の人々から伝聞したことを整理したものであろう。

国　俗

○天皇の子はその一族を娶《めと》り、国王の子は諸大臣（幕府重臣の大名）を娶る。

○諸大臣以下の官職は世襲である。その職田《しきでん》、封戸《ふご》についてては皆定まった制がある。だが世は久しく相ならびてよりどころとすることはできない。

この記事は、幕府の奉行人や守護などが、原則として世襲であることをさしている。職田・封戸は、古代の令《りょう》の規定にみえるもので、この時代にはそのような制度に実態はない。

○刑は笞《むち》と杖《つえ》で打つものはない。あるいは家産を没収し、あるいは遠地に流罪にする。

罪が重い場合は、死刑とする。
笞や杖の刑罰は、日本古代の律や、朝鮮王朝にみられる刑罰（明律に基づく）である。
○田地に賦課する税は、（生産物の）三分の一を取る。他の徭役《ようえき》はない。工役があれば、皆人を募ってこれを行う。
日本の古代の令では、歳役《さいえき》や雑徭《ぞうよう》があったが、右の記事ではそのような労役はないとする。実際には中世の荘園公領制《しょうえんこうりようせい》のもと、年貢《ねんぐ》・公事《くじ》や加地子《かじし》のように生産物を納めたり、夫役《ぶやく》という労働による奉仕がある。もっとも一五世紀には、代銭納《だいせんのう》がかなり普及している。

国俗にみる風俗

以下では、「国俗」の内容を列挙する。
○兵は好んで槍・剣を使う。よく鉄を練って刃をつくり、精巧なことは類が無い。弓は長さ六、七尺。木の理直《すじ》なるものを取り、竹をもってその内外を挟んでこれをつける。
○毎年正月元日（元日節または雞日《けいじつ》）・三月三日（上巳）・五月五日（端午）・六月一五日（祇園臨時祭）・七月七日（乞巧奠《きつこうでん》）・一五日（盂蘭盆《うらぼん》）・八月一日（八朔《はつさく》）・九月九日（重陽《ちょうよう》）・一〇月亥日（猪子《いのこ》）は記念して行事を行う名日《めいじつ》である。人は大小と無く各々郷党・族親と集まり、楽しんで酒を飲み、楽をなし、互いに品物を贈る。
○飲食には漆器を用いる。身分の高いところでは土器を用いるひとたび用いれば、即ち棄てる。

箸《はし》はある。匙《さじ》はない。
○男子は断髪してこれを束ねている。人は短剣を帯びている。婦人はその眉を抜いてその額に黛《まゆずみ》する。後ろにその髪を垂れてこれに続け、髻《もとどり》にする。その長きは地に曳く。男女のなまめかしい姿の者はみなその歯を黒く染める。
○およそ（人に）逢《あ》う時は、蹲坐《そんざ》（うずくまりすわる）することを礼とする。もし道で尊長なる人に遇《あ》えば、鞋笠《あいりゅう》（履物とかさ）を脱いで過ごす。
○人家は木板によって屋を覆う。ただし天皇・国王の居所と寺院は、瓦を用いる。
○人は喜んで茶を啜《すす》る。路傍に茶店を置いて茶を売る。行人《こうじん》、銭一文を投じて一椀を飲む。人居は処々千百と集まり、市を開き、店を置く。富人は女子の帰るところの無い者を取り、衣食を給し、これを着飾らせ、号して傾城《けいせい》となす。（彼女たちは）過客《かかく》（旅人）を引き、宿に留め、酒食をもてなして直銭《じきせん》を収める。故に行《たびゆ》く者は、粮《ろう》を持たない。
○男女ともに皆その国字を習う。国字はかたかんな（片仮名）と号す。およそ四七字なり。ただし僧徒は、経書を読み漢字を知る。
○男女の衣服はみな青質に白文を斑染《はんせん》す。男子の上衣はわずかに膝に及ぶ。裾《すそ》は長く地に曳く。冠は無く、ある人は烏帽《うぼう》（烏帽子《えぼし》）を着ける竹をもってこれをつくる。頂は平にして、前後に鋭い。わずかに髻《もとどり》を覆うに足りる。天皇・国王およびその親族が着けるのは立烏帽（立烏帽子）と号す。直にして頂は円く、鋭く高きこと半尺、綃《しょう》（うすぎぬ）を使う。笠は蒲《がま》、あるいは竹、あるいは椙《すぎ》木を用いる男女が出かける場合に着す。

箸と漆器

ここで「飲食には漆器を用いる。身分の高いところでは土器を用いるひとたび用いれば、即ち棄てる。箸はある。匙は無い」という箇所について、もう少し説明をしておこう。

申叔舟のいう「土器」は、素焼きのかわらけの皿を指している。右の記事では、飲食には漆器を用いるが、尊処では土器《かわらけ》を用いること、そして、そのかわらけは、一度使用した後に廃棄してしまうとしている。

「箸を用いて、匙が無い」という記述は、朝鮮における箸や匙の使用と比較した記述である。対馬島宣慰使《せんいしきんじてい》金自貞《キムチャヂョン》の復命書（後述）においても、「飯に匙が無く、ただ木の箸のみがある。箸は、ひとたび用いれば棄ててしまう」と述べている（『成宗実録』七年〈一四七六〉七月丁卯条）。

このうち漆器は、中世においては身分を問わずに食器として利用されていた。このことは、漆器が各地の中世の都市遺跡から出土していることから窺える。

一一～一二世紀、漆の代用として、柿渋と炭粉を混ぜたものを下地とし、漆塗りを一、二回程度に留める炭粉渋下地漆器が登場してから、安価な漆器として量産され、北陸・関

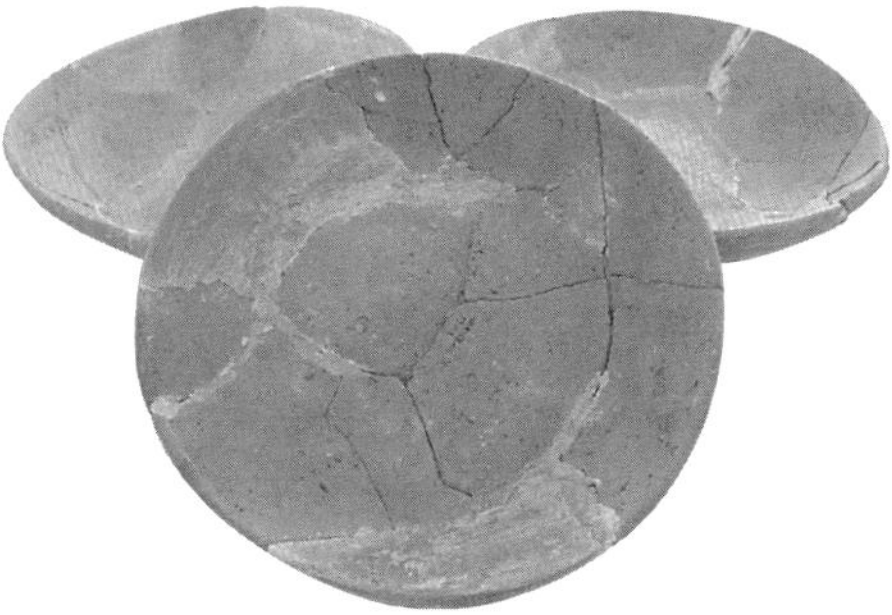

図６　かわらけ（鋤柄俊夫撮影，同志社大学歴史資料館提供）

東・東北に普及している。さらに一二世紀末頃から赤色染料（ベンガラ、朱）で花鳥や吉祥文様《きっしょうもんよう》が描かれた椀皿（赤色漆絵漆器）が登場し、その付加価値は向上した（四柳嘉章『漆の文化史』〔岩波新書〕、二〇〇九年）。

かわらけ

また素焼きのかわらけは、古代以来、京都では、貴族から庶民までが使う、最も身近な日常雑器であった。「京都系かわらけ」と呼ばれるこの素焼きの土器の皿は、直径が一二～一五《センチ》ほどで、職人の手づくねによって作られる。

京都以外の地域の多くは、素焼きの土器の皿がロクロで作られている。しかし東国の平泉《ひらいずみ》や鎌倉では、「京都系かわらけ」が未使用のままで大量に重ねられて一括で捨てられるなど、日常品とは思われない姿で見つかっている（鋤柄俊夫『日本中世都市遺跡の見方・歩き方』昭和堂、二〇一〇年）。

小野正敏氏によれば、素焼きのかわらけは、一度使うと汚れがしみこむので、再利用しないのが原則であるという。そのかわらけは、清浄の象徴としてハレの席や儀式の場で使用され、一度に大量に消費されて、使用後は使い捨てされた。このような大量消費・大量廃棄が可能なのは、上層階級である。平泉の柳之御所《やなぎのごしょ》跡や、一乗谷《いちじょうだに》の朝倉館跡などから出土した大量のかわらけは、美術陶磁とともに領主の権威を象徴するもの、いわゆる威信《いしん》財《ざい》であった（小野正敏『戦国城下町の考古学』講談社〈選書メチエ〉、一九九四年など）。

また藤原良章氏は、かわらけは一度の使用で廃棄され、供宴を演出する重要な小道具であったと述べている（『中世的思惟とその社会』吉川弘文館、一九九七年）。

だが、こうしたかわらけの使用法は、京都が淵源ではないようである。脇田晴子氏は、天皇家と皇族が正式の「食器」とした文化の中に土器は見あたらないとし、八幡宮放生《はちまんぐうほうじょう》会《え》など寺社の神事《しんじ》における土器の使用に注目している（脇田晴子「文献からみた中世の土器と食事」『国立歴史民俗博物館研究報告』第七一集、一九九七年）。したがって、東日本で見つかる「京都系かわらけ」は、「京都の文化」の中でも、政治に関係した宴会儀礼や、なんらかの宗教儀式に伴う特殊な器として広がった可能性が考えられる（鋤柄俊夫同書）。中叔舟が京都で見たものは、こうした儀礼に使われた「京都系かわらけ」であったろう。

朴瑞生のみた日本

次に『朝鮮王朝実録』の記述から、朴瑞生《ぼくずいせい》《パクソセ》の復命書を取り上げてみよう。

朴瑞生の復命書

朴瑞生は、字《あざな》は汝祥《しゃしょう》《ヨサン》、栗亭《りってい》《ユルチョン》と号す。一四〇七年、科挙《かきょ》に合格し、兵曹佐郎・集賢殿副提学・工曹参議・判安東府事などを歴任する。一四二八年（正長元）一二月、日本通信使に任じられ、副使李芸《りげい》《イイエ》とともに、同年没した足利義持への弔問《ちょうもん》と新将軍足利義教の慶賀のために来日した。翌年六月、京都において義教と接見し、一二月に帰国した。その際、義教は明に入朝の希望があることを伝え、その転奏を要請したが、朝鮮側は実行に至らなかった。

瑞生は、帰国後一五ヵ条に及ぶ長文の復命書を、世宗に提出した。これには、朴瑞生の観察した日本社会が詳細に述べられている（『世宗実録』一一年一二月乙亥条）。日本体験に基づく世宗への提言も含まれている。かつて秋山謙蔵氏が注目して、この記事を紹介している（「朝鮮使節の観たる中世日本の商業と海賊」）。記事の一部を紹介していこう。

被虜人

朴瑞生は、倭寇に拉致され、転売された被虜朝鮮人に注目している。まず、かつて倭賊が、朝鮮を侵略したことを述べる。彼らは朝鮮人民を捕え、奴婢《ぬひ》としたり、あるいは遠国《おんごく》に転売したりして、そのため永く還らない者がいた。そして瑞生らが行く港ごとに、奴婢として使役されている被虜人がいて、主人に堅く枷《かさ》鎖をかけられ、逃げられない状況にいるという。

瑞生は、その背景として、日本は人口が多い割には、食糧が少なく、そのため人をさらい、奴婢として売買することが横行していたことを指摘する。また壱岐《いき》島が、兵乱により、困窮状態にあるため、明春は人を売って生活する者がますます多くなると予測する。

こうした認識を踏まえて、その報復として、日本に行く者は、皆売られている倭人を買って永く奴婢とすることを提案している。

銭の普及と市

瑞生は、日本における銭の普及に、高い関心をよせている。たとえば、日本では国都（京都）から沿海部まで、銭が布・米にまさって流通していること、千里を行ったとしても銭緡《ぜにさし》を携帯していれば、糧食を持つ必要がなく、路傍において寄宿所が競って客引きをしているという。そして「土田・舟車の税まで銭を用いないものは無く、銭の使用は広範囲にわたっている。したがって人（旅行者）は、銭さえあれば重いもの（布や米）を負って遠くに行く必要はない」と指摘している。

前述したように、申叔舟『海東諸国紀』の「国俗」においても、路傍の茶店で銭一文で一椀の茶を飲んでいることや、市や店について触れられている。そして「故に行く者《たびゆ》は粮を持たない」、すなわち「道行く者は、米を持参しなくても、銭さえあればよい」として、銭が普及している様子を述べている。

図７　中国銭貨（草戸千軒町遺跡出土，重要文化財，広島県立歴史博物館所蔵）

日本の中世で使用されていた主な貨幣は、中国からの渡来銭であった。中央に四角い孔《あな》を開け、その周囲に四文字の銭銘を刻んだ、円形の銅銭である。銭一枚が、一文《もん》である。渡来銭で最も多いのは、北宋銭《ほくそうせん》である。北宋は、最盛期には年間五〇〇万貫（一貫は、一〇〇〇文）にのぼる膨大な発行量を持ち、北宋銭は国内のみならず、海外にも流通した。また南宋・金・元・明の時代にも、国内通貨として使用された。

銭貨は原則として緡《さし》で使用された。孔《あな》の部分に紐を通し、およそ一〇〇枚（一〇〇文）を基準に束ねて使用している。ただし、九七枚で百文として使用される省百《しょうひやく》が一般的であった。一文は、現代の一〇〇円硬貨程度の価値がある。

一方、流通の拡大とともに、中国銭の需要が高くなり、絶対量が不足するようになった。そのため、輸入した中国銭から鋳型を作り、それに基づいて鋳造された模鋳銭《もちゅうせん》が使われるようになる。一四世紀前半以降、模鋳銭の流通は全国的に広がった。中には文字のない無文銭さえある。これらの模鋳銭が、緡の中で、精銭である中国銭に混ぜて使用された。

瑞生が、日本における銭の流通に関心をもった背景には、一四二三年に、朝鮮王朝が、楮貨《ちょか》（紙幣）にかわって朝鮮通宝の鋳造を開始したことにある。だが、朝鮮通宝は、実際にはさほど流通せず、従来と同様に、布が基準通貨になっていた（須川英徳「朝鮮前期の貨幣発行とその論理」、池享編『銭貨』青木書店、二〇〇一年）。そのため、瑞生は銭の流通が進んだ日本の状況を観察した上で、世宗に対して、次にみるように、銭流通のための施策を提言したのである。

橋

銭の普及に関連して、瑞生は「関梁」、すなわち橋に注目している。

日本の大江には舟橋（浮橋）、渓流には楼橋が設けられ、その橋の傍らに居する者が「橋の税」をとっている。橋を通りすぎる者から、橋の大小に応じて十文

また は五文を徴収し、後日の橋の修補の資にあてている。
舟橋とは、多くの舟を浮かべ、桁《けた》を渡して板を張ってつくった橋のことで、そのかけ方を次のように説明している。

竹によって「大索」を作り、両岸を繋ぐ。全木を削って舟として、竹索でおおって、舟の上に下ろし、柱を立てて梁を架し、板を並べて橋とする。

そして「津吏」が、通過する者から「過渉の税」を徴収して、後日、橋が壊れた場合の修補に用いると述べている。

日本中世の橋は、朝廷や幕府などの公権力による整備が不十分であった。そのため、僧侶が勧進《かんじん》を行い、多くの人々から寄付を募り、その資金をもとに橋を整備した。右の記述では、公権力の関与は明確ではないが、橋の修築費用という名目で、通行者から徴税する仕組みが存在していることをうかがわせる。瑞生の指摘した「橋の税」は、『大乗院寺社《だいじょういんじしゃ》雑事記《ぞうじき》』にみえる「狛《こま》橋賃」や「宇治橋賃」（文明一七年七月一一日条。後者は明応六年正月二八日条にもみえる）のような「橋賃」を指すのであろうか（相田二郎『中世の関所』畝傍書房、一九四三年）。このような名目の税を納めることも、勧進にあたるのかもしれない。

このような日本の状況を踏まえて、瑞生は、朝鮮の漢江《ハンガン》と臨津江《イムジンガン》に、日本と同様に、橋を構えて徴税し、橋が破損した際には修理費用として銭を活発に流通させることを世宗に提案した。ここでは、朝鮮王朝という国家の手で、橋を整備し、徴税することを意図している。国家が主導する形を意図している点は、日本の場合とは対照的である。

市

次に、市に関する記述をみてみよう。

瑞生は、日本と朝鮮の市の差異に注目している。

日本の街市の制は、市人は、簷《のき》の下に、板を用いて層楼（棚）を設け、その上に商品を置いている。そのため塵《ちり》で汚れることはなく、買う側も商品を見やすい。また貴賤を問わず、市で食物を買って食べている。朝鮮の市では、乾湿（乾いた物や生もの）の魚肉などの食物はみな塵や土の上に置き、あるいは坐し、あるいは歩いて売っている。

瑞生は、このような日本の例にならい、漢城の市街に簷を構えて、棚を置き、その上に商品を置くことなどを提案している。

このように瑞生は、日本の市の優れたところを、積極的に朝鮮に取り入れようという姿勢がみえる。

だが、同じように日本の市を観察していても、まったく異なる評価をした使節もいる。一四四三年に通信使卞孝文ら一行に加わって来日したことのある李仁畦《りじんけい/イイムゲ》は、一四七九年、国王成宗から、日本の社会や風俗などを尋ねられ、市や交易などについて、次のように説明している。

日本の市は朝鮮に類似していますが、日本の土地は痩せ、民が貧しいため、交易する物（商品）は海産物にすぎません。婦女が髪に飾をつけて、冬柏油を塗り、昼は市に集まり、夜は淫奔《みだら》に振る舞い、生業に資しております。

市で市場で海産物が売られていることを、日本の貧しさを表すものとみている。ここでも、市に集まってくる遊女らに注目している。

そして、成宗の「水牛はいるのか」という問いに対して、それはいないと答えた上で、「日本には物産はなく、『南蛮』（東南アジア）から購入した物を用いています。ただ黄金はありまして、その価格は、朝鮮と異なることはありません」と説明している（『成宗実録』一〇年二月丙申条）。

このように、朴瑞生と同じく日本の市を見ていても、そのマイナス面を強調している。ここには、日本から何かを学ぼうというような姿勢は、微塵も感じられない。使節個々の関心によって、観察する内容や評価は、大きく異なっていたのである。

水車とその造法

朴瑞生は、日本の水車にも注目している。

日本の農人は、水車を設けて灌漑《かんがい》している。学生の金慎《きんしん》《キムシン》に、その造車の法を調べさせたところ、その車は水を乗せ、自ら回転するもので、朝鮮で昔造ったような人力で動かす車とは異なっている。ただし日本の水車は、急流に置くべきもので、ゆるい流れに置くべきものではない。水砧《みずきぬた》も同様である。私がひそかに考えるところでは、ゆるい流れであっても、人に踏ませれば、灌漑に使用できる。今その模型を造り献上するので、各官の置くべき処において、この模型によって造作し、灌漑の利を助けるべきである。

朴瑞生が見た日本の水車は、自転揚水車《ようすい》（後述の朝鮮史料では、「自斡の車」）であり、水の流速を利用して水車を回し、水を汲み上げて上部に設定した樋《とい》に水を流し込むというものであった。『徒然草《つれづれぐさ》』五一段にみえる亀山殿《かめやまどの》の池水《ちすい》を引く水車や、『石山寺縁起絵巻《いしやまでらえんぎえまき》』に描かれたものと同一と考えられる（寶月圭吾『中世灌漑史の研究』畝傍書房、一九四三年。今谷明『日本国王と土民』）。おそらく金慎は、日本の水車の図を作成して、朝鮮に持ち帰ったのであろう。

瑞生の提言に対して、国王の世宗は、礼曹に命じて、議政府と諸曹に議論させた。そのうち、各道に水車を造置する条目については、試すべきであるとした（『世宗実録』一一年一二月乙亥条）。

朝鮮では、人力による水車はあったものの、水の流速を利用する日本のような水車はなかった。そのため導入を図ったのだが、思うように進まなかった。世宗は、「中国や日本において水車の利を受けているのに、どうして我が国のみ行うことができないのか」として、担当官を選任し、朝鮮の各道に派遣して、調査を命じている（『世宗実録』一三年五月庚辰条）。

また工曹参議となっていた瑞生が、再び水車のことについて建言した。その要点は、①日本の「自斡の車」は中国のものより優れ、朝鮮の「踏升《とうしょう》の車」よりも優れている、②工人に「自斡の車」を造らせようとしたが、学生金慎の言葉を十分に理解せずに造ったために、役立たなかった、というもので、③「自斡の車」の造法について説明している。そして世宗に対し、④上記の内容を諸道に下諭し、また金慎に命じて、水車の造法を正すことなどを願った。世宗は、瑞生と金慎に命じて、工曹の匠人に水車を造作させ、試験することになった（『世宗実録』一三年六月乙未条）。

こうして朴瑞生の建言によって、倭水車が各地で造られることになったが、期待したほどの成果は上がらなかった。一四三三年、左承旨の金宗瑞《きんそうずい》《キムジョンソ》は、「朝鮮の土性は、粗悪であり、泉水は汚れております。その功（働き）を百倍にしたとしても、一日に灌ぐことのできる所は、一畝に過ぎません。その上、功をやめれば、滲漏してしまいます」という認識を発言している。実際に調査したところ、八十余人を役して終日動かしたところ、灌ぐことのできた所は、一畝に及ばず、しかもみな滲漏《しんろう》していた。世宗は、各道の敬差官を還し、人力による水車は全て廃止し、「自斡の車」はそのまま残すことにした（『世宗実録』一五年四月辛卯条）。結局、朴瑞生が導入を提案した日本の水車（倭水車）は、朝鮮では普及しなかったのである。

朝鮮使節のみた対馬

『海東諸国紀』にみる対馬

朝鮮使節が、もっとも頻繁に訪れたのが、対馬である。『老松堂日本行録《ろうしょうどうにほんこうろく》』にみえる対馬についてはすでに述べたが、他の朝鮮使節の観察を加えておこう。この点については、佐伯弘次氏が検討している（「国境の中世交渉史」・『対馬と海峡の中世史』）。

対馬という場

対馬は、九州と朝鮮半島の中間に位置する島嶼《とうしょ》群であり、現在は長崎県に属している。上県《かみあがた》郡の三町（上対馬《かみつしま》、上県、峰《みね》）と下県《しもあがた》郡の三町（豊玉《とよたま》、美津島《みつしま》、厳原《いずはら》）に分かれる。二〇〇四年三月一日、長崎県対馬市として六町が合併し、一島一市になっている。

主島の対馬は、面積六九八キロ平方メートル、中央部に西から浅茅《あそう》湾が深く湾入している。湾奥は、一九〇〇年に開削《かいさく》された万関瀬戸《まんぜき》により分断されたため、上島と下島に分かれている。

全島の八七％が山林でおおわれて平地は少なく、農業に適しているとはいえない。

対馬の風土

申叔舟『海東諸国紀』の「日本国紀」の「対馬島」の項目には、次のように記されている。

郡は八郡ある。人戸は、皆沿海の浦にあり、八二浦ある。南北の行程は三日、東西は一日、あるいは半日ほどである。島の四面はみな石山ばかりで、土は痩せて、民は貧しく、煮塩・捕魚《ほぎょ》・販売をして生活をしている。

対馬の八郡は、豊崎《とよさき》・豆酘《つつ》・伊奈《いな》・仁位《にい》・与良《よら》・三根《みね》・佐護《さご》・佐須《さす》の各郡を指す。「島の四面はみな石山ばかりで、土は痩せて、民は貧しい」というのは、朝鮮王朝の官人たちの共通したイメージになっていた。

対馬に残された中世文書をみると、狭小な田畠が多い一方、「木庭《こば》」と呼ばれる焼畑《やきはた》も広範に広がっていった（早稲田大学水稲文化研究所編『アジア地域文化学叢書9　海のクロスワード対馬』雄山閣、二〇〇七年）。このような対馬の特性から、海を生活の舞台とする海民が多く、漁業、製塩、交易により暮らす者が多かった。

先にみたように、宋希璟《そうきけい》の『老松堂日本行録』の「舟中雑詠五種」にも、対馬の農業について触れている。

また一四八七年に対馬を訪れた対馬島宣慰使《せんいし》の鄭誠謹《ていせいきん》《チョンソンクン》は、復命して、次のように述べている。

土性が甚だ薄く、水田はなく、皆山田（山間にある畠・畑）を耕作して食料を得ている。山林を伐ることを禁じ、耕作して食料を得させないようにしている。人々は葛根や蕨根を取ったり、あるいは海の魚を取って煮て食している。飢えている人々が多く、以前はもっぱら我が辺境を襲って掠奪し、生活の資としていた。しかし対馬島主による禁圧がたいへん厳しいため、彼らはかえって恨みに思い、「吾輩を飢死させようとしているのだ」と言っている。

（『成宗実録』一八年六月戊寅条）

土性が甚だ薄く、水田はなく、皆山田（山間にある畠や焼畑）を耕作して食料を得ているという。また山林を伐ることを禁じ、耕作して食料を得させないようにしていることを述べている。この記述通りだとすれば、当時、木庭（焼畑）の開発は禁止されていたことになる。

宗氏の支配体制

『海東諸国紀』の記述に戻ると、次に対馬島主・対馬守護の宗氏について次のように述べている。

宗氏が代々島主である。先祖の宗慶《そうけい》が没し、子の霊鑑《れいがん》が嗣ぐ。霊鑑が没し、子の貞茂《さだしげ》が嗣いだ。貞茂が没し、子の貞盛《さだもり》が嗣ぐ。貞盛が没し、子の成職《しげもと》が嗣ぐ。成職が没し、跡継ぎがいなくなった。丁亥年（一四六七）、島人は貞盛の同母弟の盛国の子貞国《さだくに》を立て、島主とした。

次に、宗氏の支配体制についての記述がある。

郡守以下の土官は、みな島主が任命したもので、世襲《せしゅう》である。土田・塩戸を土官に分属する。三番に編成され、七日ごとに交替で島主の家を守る。郡守はおのおのその郡境において毎年、作物の損実を踏査して収税し、三分の一を取る。またその三分の一をさらに三つに分け、二を島主に送り、一を自分で収める。

前半では、島主が、島内の土官、すなわち配下の武士たちを編成していることを指摘している。

一四七六年に対馬を訪れた、対馬島宣慰使の金自貞《きんじてい》《キムチャヤチョン》の報告によれば、島主屋敷の警備に関しては、五番に編成され、各番八〇～九〇人が五日交替で勤務していたという（『成宗実録』七年〈一四七六〉七月丁卯条）。島内の武士を番に編成して、交替で島主の館を警備させる体制をとっていた。

後半では、作物の収取に関する記述がみられる。守護の宗氏は、公事《くじ》を課役の中心に据え、家臣（給人《きゅうにん》）を通じて百姓から多様な名目の公事を徴収する一方、塩などは年貢として徴収していた。年未詳四月一〇日付の宗貞茂（カ）書状（大山《おやま》小田文書）によれば、大山宮内左衛門は、仁位郡について「カミ（上）のねんく（年貢）」（郡守を通じて、宗氏に納めるものか）と「わたくし（私）のとくふん（得分）」（大山氏の得分）の沙汰を、命じられている（関周一『対馬と倭寇』）。

島主の牧場は四ヵ所あり、馬二千余匹を飼っている。馬の多くは背が曲がっている。馬の特産物は柑橘《かんきつ》・木楮《こうぞ》（紙の原料）である。

この馬はツシマウマで、背が低く、体形の小さい馬である。性質は温順で、嶮岨な道を踏破する体力を備え、島の大半が山地である対馬において、荷物を運ばせるのには向いている。柑橘は、一〇八五年に対馬島の勾当官《こうとうかん》（対馬島衙のこと）から高麗に献上されている（『高麗史』宣宗二年二月丁丑条）。

天道山とアジール

『海東諸国紀』の記述を続けよう。

南北に高山があり、みな天神と名づけている。南は子神と称し、北は母神と称す。風俗は神を尊び、家々では素饌《そせん》（粗末な食事）をもって、これを祀っている。山の草木・禽獣を人は決して捕ろうとはしない。罪人が神堂に入ったならば、決して追いかけて捕えることはしない。

この記述は、かつて平泉澄氏が注目したことで著名な箇所である（平泉澄『中世に於ける社寺と社会の関係』至文堂、一九二六年）。

この高山は、対馬第二の高峰である龍良山《たてらやま》であると考えられている。俗に天道山《てんどうさん》とも称し、二つの峰を雄龍良・雌龍山と呼んでいる。現在、天道山は国有林となり、自然林から人工林への変容が進んでいる。そのうち八町郭《はっちょうかく》（対馬市厳原町）の周辺だけは照葉樹林が残っている。森の中の表八町には、ピラミッド状に石を積み上げた祭祀遺跡があり、天童（天道法師《てんどうほうし》）の墓という。平泉氏は、大正八年（一九一九）五月に、この石檀の前に立ったといい、「石檀は大小の平石を以て層々重畳し、基底は正面二十尺、側面十八尺、段数すべて七層、上るに従って次第に狭く、最上層には凡そ三尺四面の平盤の石を載せてある」と述べている（『中世に於ける社寺と社会の関係』一〇四頁）。天道山の北側の中腹に、裏八町郭という聖所があり、天童の母の祭祠という。表八町郭は、雄龍良の南側にあり、裏八町郭は雌龍良の北側にあたる。

また、罪人が神堂に逃げ込んだならば、世俗の権力に引き渡されないという叙述は、この地が、アジール（寺社の聖域治外法権が認められた場所）であったことを示している。

日本国対馬島之図

『海東諸国紀』には、この後、通交制度に関する記述や、対馬島内の八二の浦個々を取り上げ、対馬の朝鮮通交者について解説をしている。これに対応して、同書には、「日本国対馬島之図」が収められている。対馬島は、南北に長い島だが、この図は、浅茅湾《あそう》を内側に包み込むように、北部・南部を折り曲げたように描かれている。黒田智氏が、クロワッサン型と名づけた図であり（黒田智『なぜ対

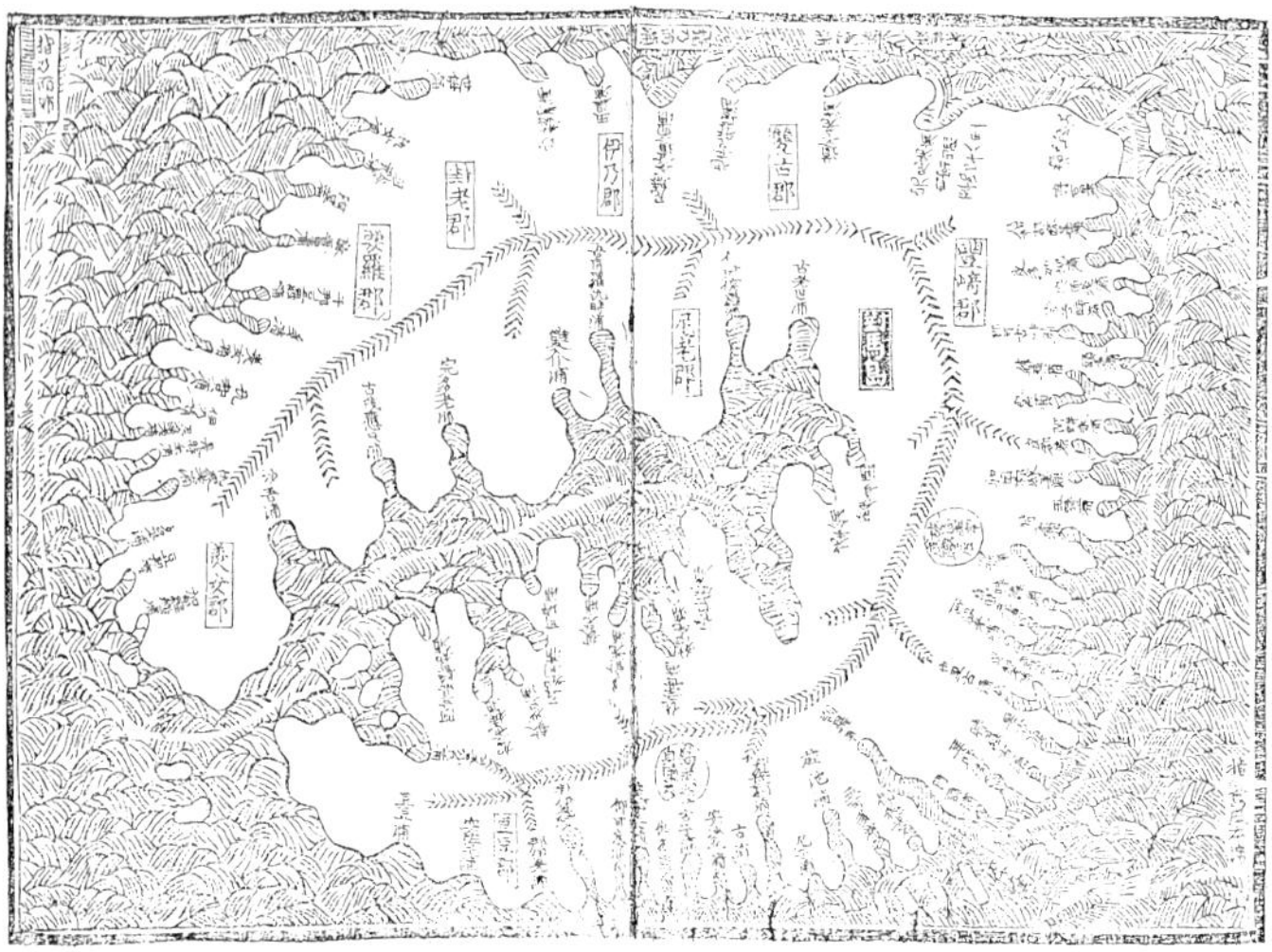

図８　『海東諸国紀』の対馬（東京大学史料編纂所所蔵）

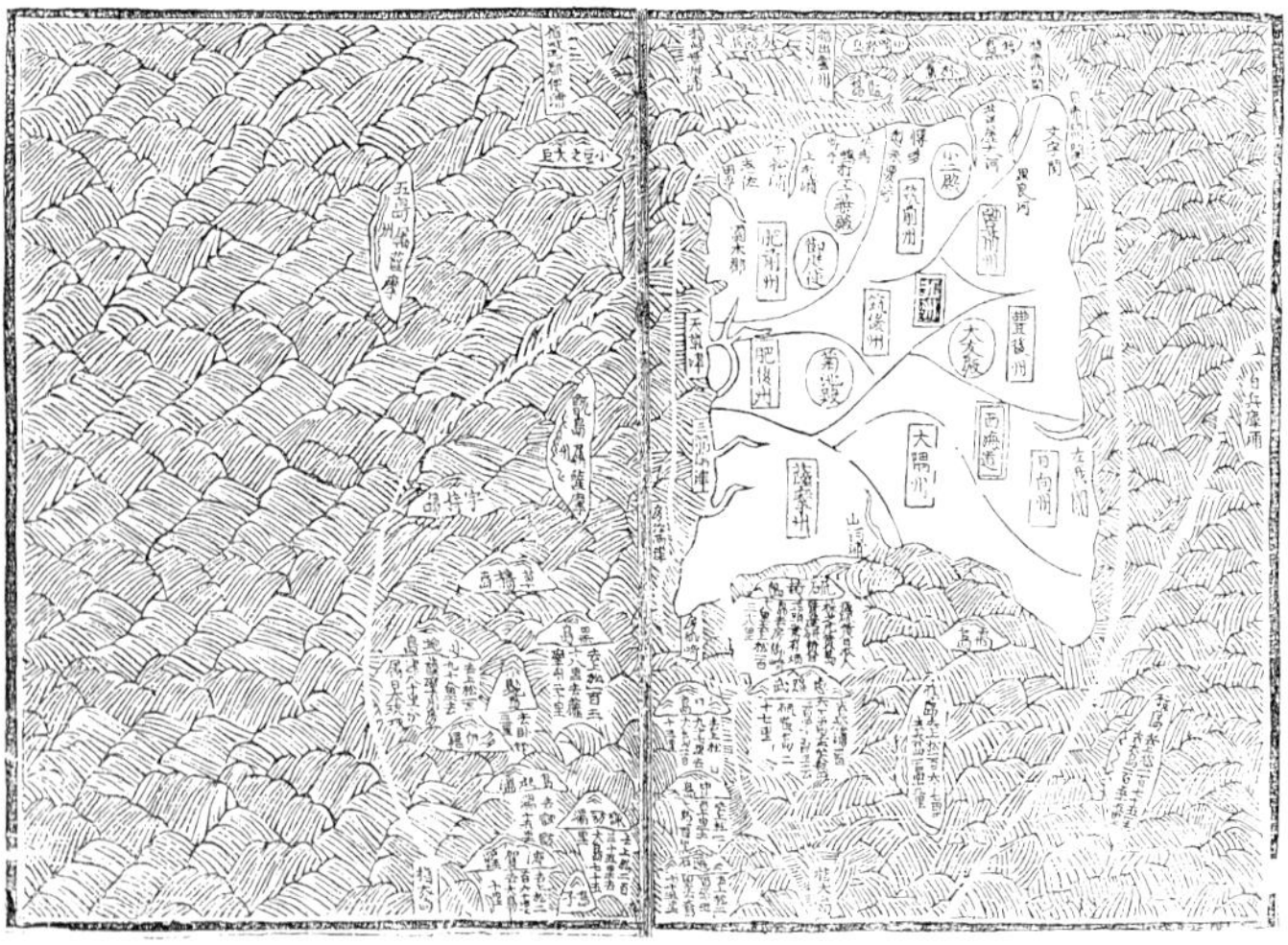

図９　『海東諸国紀』の九州（東京大学史料編纂所所蔵）

馬は円く描かれたのか』朝日選書、二〇〇九年）、島々の輪郭線をおおう波濤と、対馬島の中央部を走る山並みの記号から構成され、八二浦が書き込まれている。

さらに、黒田氏が指摘するように、二つの航路が白線で描かれている。一つは、壱岐の「風本浦」（勝本）から対馬の「訓羅串」（船越、現在の小船越）を経て、対馬東海岸ぞいに「完尼老浦」（鰐浦）まで北上し、朝鮮の「塩浦」「富山浦」「乃而浦」の三浦に通じるルートである。「都伊沙只」（豊崎）も基点になり、「訓羅串」には、「都伊沙只より此に至るまで十九里なり」と注記されている。もう一つのルートは、朝鮮の「乃而浦」と浅茅湾の西側を結ぶ西海岸ルートである。そこから陸に船を引いて横断すると、東海岸の「訓羅串」に出ることができる。ちなみに、浅茅湾西側の尾崎と、東側の船越は、早田《そうだ》氏の根拠地である。早田氏は、二つのルートの要所を押さえていたのである。

こうした点から、この地図は、航海での使用を念頭においた地図といえる。

『海東諸国紀』に集約された対馬に関する情報は、日本の他の地域や、琉球に比べて、きわめて詳細なものである。朝鮮側がいかに対馬に対して強い関心を持っていたのかをよく示している。

金自貞らのみた対馬

対馬を訪れた金自貞

対馬に派遣された使節の記録のうち、一四七六年の対馬島宣慰使の金自貞《きんじてい》《キムチャチョン》の復命書は、きわめて詳細であり、『成宗実録』七年七月丁卯条に収められている。自貞は、次のような行程をとっている。

五月　二日　対馬島宣慰使金自貞、受職人の平茂次（僉知中枢《せんちちゅうすう》）、皮古汝文（僉知）、源茂崎（護軍）、宗貞国の使節宗国次を率い、知世浦を発し、対馬州佐須那に到る。

五月　七日　金自貞、西泊浦に到る。源茂崎、酒肴により自貞らを接待する。

五月一〇日　金自貞、小船越に到る。

五月一三日　金自貞、島主宗貞国の家の前五里ばかりの久田《くた》浦に着く。

五月一四日　金自貞、国分寺の崇睦（貞国の同母弟）から使いがあり、胡椒二斤・茶葉三斤を贈られる。
五月一八日　金自貞、宗貞国と面会する予定であったが、貞国の子の貞秀が咽喉を患い治療中として、延期される。
五月二七日　金自貞、対馬府中の宗貞国の屋敷で、書契と礼物を与える儀式を行う。
六月二一日　金自貞、宗貞国が朝鮮の笠子《りゆうし》・弓箭《きゆうせん》を使用して狩猟するのを見る。
六月二五日　金自貞、宗国幸より、宗貞国の答書を受け取る。
七月　五日　金自貞、宗貞国の使節蔣野将監とともに、佐須那を発し、釜山浦《プサンポ》に到る。
七月二六日　金自貞、見聞した事柄を成宗に報告する。

このうち、五月二七日は、島主宗貞国の役所において、朝鮮からの書契と礼物を受取る儀式があった。貞国は、自貞に酒を進め、環刀や藍段子《あいどんす》を贈った。そして貞国の求めに応じて、自貞の連れてきた工人が音楽を演奏した。貞国は「大国（朝鮮）の管弦が清雅なることは、久しく伝え聞いておりました。今日試聴して、実に楽しみました」と言い、称賛が止まなかった。翌日、自貞や通事・軍官らは、環刀・剣・茶葉・胡椒・扇子などを宗氏一族から贈られている。このうち、胡椒は東南アジア産のもので、主に琉球から博多を経由して対馬にもたらされたものである。朝鮮側の需要の高いもので、宗氏の使節は胡椒を朝鮮に進上するのを常にしていた。

次に、朝鮮使節の目に映った対馬島主（守護）宗氏の居館についてみておこう。対馬に派遣された複数の使節が、宗氏の居館やその周辺について報告している。

宗氏の居館

宗氏の守護所は、対馬島東岸の佐賀《さか》（現、対馬市峰町佐賀）であったが、一四六七年（応仁元）に、かつて国府《こう》があった国府（府中《ふちゅう》・厳原《いずはら》、現、対馬市厳原町）に移転した。佐賀は、朝鮮との交渉に便利な場であったが、国府に移転したのは九州との関係を重視したものとみられている。以下の記述は、国府の守護所についてのものである。

一四六八年、金好仁《きんこうじん》《キムホイン》が、対馬島主の居館について、「竹屋三間であり、朝鮮の都市を囲むような城郭、あるいは宮室がない。また儀礼も無かった」と発言している（『世祖実録』一四年七月丁亥条）。朝鮮の邑城《ゆうじょう》（地方都市）が比較の基準になっている。朝鮮では、都市全体を城壁で取り囲む邑城をつくり、その中に官衙《かんが》を置いており、それと宗氏の居館は明らかに異なっている。

次に、前述した、一四七六年の金自貞の復命書を見よう（『成宗実録』七年七月丁卯条）。

前と後の庁舎（屋敷）があり、また馬厩・厨舎がある。島主は後庁（後の屋敷）に居住し、前庁（前の屋敷）では、賓客の応対や事務を行うのみである。

島主の居館が、日常居住する屋敷（私的な空間、ケの空間）と政務や儀式を行う屋敷（公的な空間、ハレの空間）とに分かれていたことがわかる。

茅葺《かやぶ》きで、館の周囲は垣根でおおい、垣根の外側には塹壕《ざんごう》（すなわち堀）がめぐらされ、海水を引き入れている。深さと広さは各々一丈余りで、建物には階段がない。月台は、板を四方の壁とし、朱色を施してはいない。東・西・北の壁には、山水《さんすい》（画）を描いている。常に常列置皮甲五〇・兜五〇・木弓七〇・長剣二〇、長箭四〇部を並べて置いて、自衛をしている。

そして島主の居館の周辺には、人家が二五〇戸ほどあるという。

一五世紀の守護所や国人館《こくじん》は、室町殿《むろまちどの》の「花の御所」をモデルにしていた。たとえば、飛驒《ひだ》国の国人である江馬《えま》氏館跡の発掘調査によると、一四世紀末〜一五世紀前半、方《ほう》一町の館として整備された。館の内部には、二つの門をもつ築地塀《ついじべい》がめぐり、池をともなう庭園が造られ、それぞれ遠侍《とおざむらい》または厩・主殿・常御殿《つねのごてん》・台所・会所《かいしょ》と思われる五棟からなる建物群から成っている。館の外部には、宿直屋《とのいや》・厩・工房などが計画的に配置されていた。

小島道裕氏は、江馬氏の館は、京都の将軍邸＝幕府「花の御所」と共通の規範に則って作られていると指摘した。そして、他の事例も踏まえ、「花の御所」モデルが各地で採用されているとした（『戦国・織豊期の都市と地域』青史出版、二〇〇五年）。「花の御所」モデルを採用すること、いわば、京都の文化を導入することは、地域を支配する領主の権威を示すことになる。

宗氏の守護館は、各地の守護館同様のものであったと推測される。ただし、海水を堀に引き入れるという対馬特有の点もある。

その後、一四八一年に成宗が、金自貞に対馬のことを尋ねた。自貞は、島主の屋敷の後方にわずかに水田があることや、茅葺きの屋敷であることを述べ、対馬の生活は朝鮮に専ら頼っていると答えている（『成宗実録』一二年九月丙子条）。

マイナス評価をする使節

前述した対馬島宣慰使鄭誠謹の復命書（一四八七年）では、金自貞とは異なる指摘をしている。

対馬側は誠謹のために館宇を設けずに、一つの屋敷を借りて処したことや、その接待の館舎が狭く、わずかに朝鮮の小駅の如きものでしかなかったと報告している。朝鮮と比較して、島主の館の粗末さを強調している。また村舎の戸数を「わずかに二百余戸」とする。そして接待への不満から、今後は、対馬へ使節を派遣しないことさえ提案している（『成宗実録』一八年六月戊寅条）。

鄭誠謹は、金自貞と同じ情景をみているはずであるが、自貞に比べて、否定的な評価を下している。このように同じ場所であっても、使節によって異なる評価がなされたのである。

これまでの叙述を踏まえれば、一五世紀前半に対日使節を務めた宋希璟、朴瑞生《ぼくずいせい》《パクソセ》、申《しん》《シク》叔舟《しゅくしゅう》《スクチュ》は、日本の社会の多様な事象に関心を持ちながら細かく観察しつつ、積極的な評価をしばしばみせている。特に朴瑞生には、その傾向が顕著で、日本社会に学ぶ姿勢をみせている。

彼らにとって倭寇の侵攻は身近なものであり、日本の情勢にも神経をとがらせる必要があった。朝鮮王朝が、倭寇を鎮圧し、新たな外交関係を結ぶという課題をもった時代であり、使節もそれに応じた行動が求められた。王朝の建国からまだ間もない時期であり、官人たちの外の世界を見る活力も高かったであろう。

それに比べて、一五世紀後半の使節は、日本に対する関心が低下し、マイナス面を強調する傾向にある。この頃は、周辺諸国との関係も安定し、官人たちは外の世界への関心をしだいに低下させていったものと思われる。

朝鮮人漂流人のみた日本・琉球

漂流人のみた日本

朝鮮人漂流人の記録

ここまで、朝鮮人使節による観察を紹介してきたが、日本や琉球に漂着した朝鮮人も、さまざまな体験をし、重要な証言を残している。その記録が、『朝鮮王朝実録《ちょうせんおうちょうじつろく》』に収められている。そのいくつかを紹介していこう。

まず、一四二五年（応永三二）、石見国に朝鮮人が漂着した事例を取り上げる。これは、難破した経緯から送還にいたるまでが詳しくわかる貴重な事例である（関周一『中世日朝海域史の研究』）。

一四二五年、于山《ウサン》・茂陵島《ムルンド》処安撫使《あんぶし》である金麟雨《きんりんう》は、役を忌避して逃げ入った人民を捜索して逮捕するため、茂陵島（武陵島。鬱陵島《ウルルンド》を指す）に赴いた。その途中、一行四六人を乗せた船は、飄風《ひょうふう》（つむじ風）のため難破してしまい、日本の方向に向かって漂流した。

その後の経緯を、『世宗実録』七年一二月癸巳条では、次のように述べている。

初め船軍四六人が一船に乗船していた。安撫使金麟雨に随って茂陵島に向かったところ、忽《たちま》ちつむじ風のため船が破れ、同船していた三六人が皆溺死した。我ら十人は小船に乗って漂流して、日本国石見《いわみ》洲長浜《ながはま》に漂着した。岸に登ったものの、飢えのため行くことができなかった。匍匐《ほふく》して至ること五里余で、泉を見つけて水を飲んだが、困《くるし》んで江辺に倒れた。一人の倭が漁のためにやって来て、我々を見つけ、ある僧寺（寺院）に我々を連れて行った。そこで、餅・茶・粥・醤を与えられたので、これを食した。（その後、）順都老のもとに赴いたが、順都老は我らの衣を見て、「朝鮮人だ」と言い、嗟嘆《さたん》すること再三であった。順都老は我らに「口粮」（食料）・「衣袴」（衣服）を給した。

我らがその地に留まることは三十日に及び、日に三度食事を与えられた。順都老は、我らを本国へ送還するに臨んで、大宴を設け、坏《さかずき》をとって自ら勧めて、「厚く爾《なんじ》らを待したのは、すなわち朝鮮殿下のためのみである」と話した。そして、順都老は旅行中の食料として米一〇〇石を給し、二〇人を同行させて護送させた。

こうして対馬島に至り、一ヶ月滞在した。都万戸左衛門大郎が宴を設け、我らをねぎらいながら、「（このように接待をするのは）爾らのためではなく、（朝鮮）殿下を敬うのみである」と話してくれた。そして人を付けて我らを朝鮮に護送させた。

漂流した四六人のうち三六人が没し、生存した張乙夫等一〇名が石見国長浜（現、島根県浜田市）に漂着した。右の「順都老」は、この後の記述では「長浜因幡《いなば》守」とも名乗っており、長浜の地の領主である周布兼仲《すふかねなか》のことであると考えられる。周布氏は因幡守を名乗っており、「順都老（スントノ）」は「周布殿（スフドノ、スウドノ）」の音をあてたものであろう。またこうして彼らは一月ほど石見国に滞在した後、対馬島に護送されて一ヵ月間滞在する。彼らは、対馬で都万戸左衛門大郎に会い、この左衛門大郎の計らい（長浜因幡守が彼に送還を依頼した）で朝鮮に送還された。左衛門大郎は、『老松堂日本行録』にも登場した早田左衛門大郎《そうださえもんたろう》のことである。

妻島で保護された漂流人

次に済州島《チェジュド》の内贍寺の奴であった張廻伊《ちょうかいい》《チャンヒイ》の体験をみよう。一五〇一年、礼曹《れいそう》から国王燕山君《えんざんくん》への報告した文章の中に、張廻伊の発言が引用されている（『燕山君日記』七年正月己卯条）。

一四九九年正月、日本の海辺に漂流した。倭人一一人が小船に乗ってやってきて、また倭船三十余隻に取り囲まれた。而羅多羅（四郎太郎）という名の倭人が、船に乗り込んできて、その船尾と自分の船を（縄で）懸け結んで、東に一息ばかり進んだ。島の岸に、三十余の倭家があった。その一つの家に到り、一〇日滞在し、いつも酒や飯のもてなしを受けた。一〇日後、東に一日程隔てた山あいの「烏叱浦里」の而羅多羅の家に移った。その日の夕べ、而羅多羅の父である島主平順治の家に、滞在を許され、衣服を支給された。順治は、「汝がここに住みたいというのなら、妻を娶り家を造って住んではどうだろうか。もし本土（朝鮮）に還りたいというのなら、送ってあげよう」と、張廻伊に言った。彼は、郷里の父母を思い、本土への帰還を望んだ。平順治は、（朝鮮あての）書契を作成し、而羅多羅に路粮一〇石を給した。

『燕山君日記』一〇年（一五〇四）閏四月己丑条に、「日本国西海路妻島守山田左近将監平順治」がみえ、平順治は「山田」を名乗り、妻島を根拠にしていたことがわかる（藤田明良氏のご教示による）。この妻島は、壱岐《いき》島南西部の妻ヶ島（妻島とも。現、長崎県石田町）では小島すぎるので、男女群島の女島（現、長崎県福江市浜町）のことであろうか。

一四九〇年正月一二日、張廻伊らは、妻島を出発し、東に一日程進み「丐奇島」に到り、三日間滞在する。東に二昼一夜帆船を進め、「化可大島」に到り、一七日間滞在する。西に一日船を進め、壱岐島に到る。また東に向け一日進み、対馬島に到る。対馬島主宗材盛《きもり》がすぐには朝鮮に送らなかったため、六ヵ月対馬に滞在した。七月、島主からの行状（文引）を受け取り、七月三〇日、薺浦《チエポ》に到った。

こうして張廻伊は、朝鮮に無事戻ることができた。記事では、この後、妻島の風土について記述している。張廻伊の証言をもとに、礼曹が整理したのであろう。

妻島の風土

島主平順治らの狩猟について、次のように述べる。

まず島主平順治が狩猟に出かける際は騎馬し、環刀と箭《や》を佩《お》び、腰の間の内側と外側に小刀を佩びる。歩行してついてくる従者に弓を持たせる。配下の武士たちを皆集める。狩猟では、獐《のろ》、鹿、猪、雉《きじ》、水獺《すいだつ》（かわうそ）などの獣を捕獲する。獐や鹿を得ると、その皮を剝いで、その肉は棄てる。猪、雉、水獺等の肉は十分に煮る。終夜酒を飲んで、解散する。翌日も同じことを繰り返す。酒を飲む時、我を招いてもてなしをしながら、「酒と肉については、汝は飽き足りることだろう」と言った。

次に、「水獺」として、島の漁業に言及する。

海辺に住む倭らは、古道魚、烏賊魚、魴魚、都音魚、大口魚、青魚、鰺魚、生鮑、海参、洪魚、石首魚、秀魚を、季節に応じて取り、島主の家に献じる。

農業については、次のように述べている。

水田は、牛によって耕す。稲の種を水に沈めて苗を発した後、四月に種を播《ま》く。苗が立って成長した後、五月に苗を移し（田植え）、除草をせず、七月に収穫する。その穀草の長さは、二把ほどである。またその根から苗が立って熟せば、九月に収穫する。その根から苗が立っても熟さなければ、人が食べずに、刈り取って牛や馬の餌にする。

二期作が行われていたことを述べている。後半は、ヒコバエについて触れている。ヒコバエとは、切った草木の根や株からはえ出た芽のことで、この生育を待って九月に収穫するのだという。後述するように、与那国島《よなぐに》にも同様な農法がみえるので、妻島には南方の農業の姿がうかがえる。また次の記述から、二毛作または三毛作が行われていたことがわかる。

稲の収穫後の五月間は、蕎麦《そば》、大豆、粟《あわ》や稗《ひえ》を一時栽培し、牛を用いて耕す。苗が立ってから二度除草して収穫し、それ以上は耕種をしない。

島主と家臣の屋敷について、次のように述べている。

島主平順治の家は三十余間あり、瓦葺で、木板を壁としている。その配下の者たちは、長い行廊の草ぶきの家にそれぞれ入り、朝鮮市中の左右の行廊のようである。

次に婚姻についての記載がある。

男女の婚姻は、女の父母が斑衣でその女の頭を包み、馬に乗って先に行く。父母と奴婢がこれに随う。夫家で式をあげた後、一晩中酒礼を行う。翌日の朝、父母と奴婢は家に還る。

最後に、次のような興味深い風習が見える。

道行く人は、常に環刀と小刀をさし、もし尊長の者に遭えば、鞋を脱いで過ぎ行く。かねてからの知り合いでは無くとも、もし鞋を脱いで過ぎ行かなかったのならば、(尊長の者は)怒って追捕して斬頭する。私的ないさかいで、お互いに怒って闘った場合、環刀によって殴り合ったり、斬頭したりする。島主はこのことを知ったとしても、いっさい検察はしない。

私人間の紛争に、島主という公権力が関与せず、当人同士が暴力によって解決するというものである。こうした自力救済による紛争の解決が行われていたのである。

朝鮮人漂流人の体験や観察については、琉球に関するものがよく知られている。

琉球社会を知る史料

琉球王国の時代を知る文献史料は、限られている。琉球王国が地方支配のために発給した辞令書や、琉球歌謡を集めた『おもろそうし』、琉球王国の外交文書集である『歴代宝案』が残っているものの、琉球社会の具体像を知る記述は乏しい。そのため『朝鮮王朝実録』に記録されている朝鮮人漂流人の体験は、琉球社会を知る上で貴重な史料となっている。琉球に漂着した朝鮮人漂流民は、済州島民が多いのが特徴である。

『朝鮮王朝実録』中の琉球関係記事を読む際には、内田晶子・高瀬恭子・池谷望子編『朝鮮王朝実録琉球史料集成』原文篇・訳注篇（榕樹書林、二〇〇五年）が有益である。

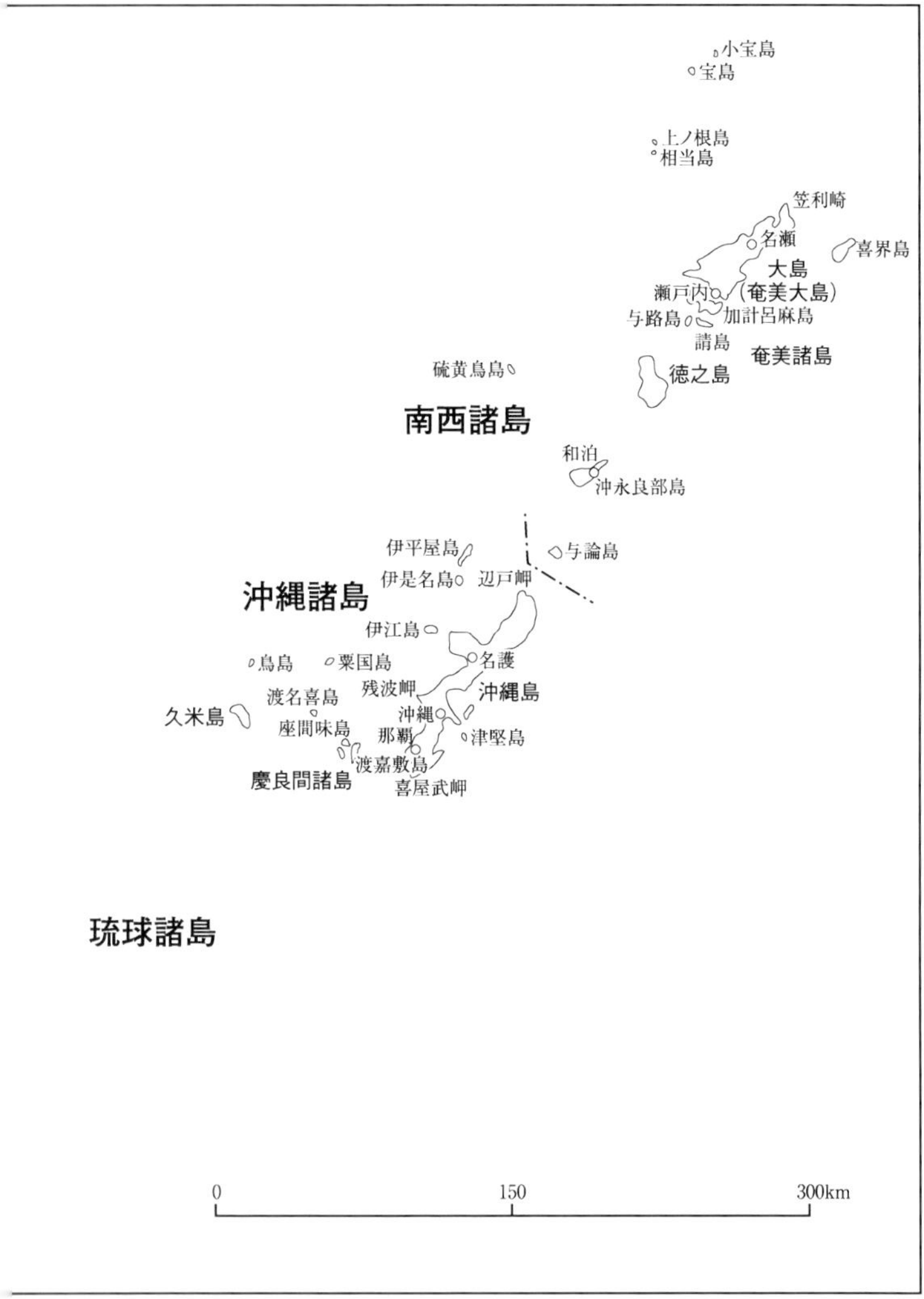

『琉球王国』〈河出書房新社，1993年〉を元に作成)

図10　琉球諸島・南西諸島地図（高良倉吉・田名真

金非衣らの琉球漂流

記事の一例を紹介しておこう。一四七九年、済州島の漂流人金非衣《きんひい》《キムヒイ》・姜《きょう》《カン》茂《も》《ム》・李《り》《イ》正《しょう》《ジョン》の三人が琉球国より送還された。国王成宗は、彼らの語る諸島の風俗が珍しいとして、弘文館にその発言を記録され、報告させた。その内容が『成宗実録』成宗一〇年六月乙未条に記録されている。

一四七七年二月、楸子島《チュジャド》に向かっていた済州島の船が、嵐に遭い難破し、右の三人以外は皆溺死してしまった。一枚の板にすがって漂流していた三人は、与那国《よなぐに》島の漁民に救助された。彼らは、与那国島で手厚く保護され、そこで半年ほど過ごした後、島伝いで沖縄島に送られた。まず西表島《いりおもてじま》に送られて、そこで五ヵ月ほど滞在した後、波照間《はてるま》島・新城《あらぐすく》島・黒《くる》島・多良間《たらま》島・伊良部《いらぶ》島・宮古《みやこ》島へと順々に送られた。それぞれの島で一ヵ月ほど滞在した後、沖縄島の那覇《なは》に送られた。

彼らは、那覇で三ヵ月ほど滞在した。当時の琉球国王は、第二尚《しょう》氏王朝の基礎を固めた尚真《しょうしん》である。尚真は、貿易に来ていた博多商人の新四郎に朝鮮への送還を託した。新四郎は、薩摩・博多を経由して、朝鮮に金非衣らを送還した。

金非衣らの発言記録は、琉球の諸島について豊富な内容を含んでいるが、そのうち、四点にしぼって紹介しておこう。

稲作の分布

第一に、島ごとの農業について、特に稲作の有無についてである。この点を分析した民族学者の佐々木高明氏の研究によって整理しておこう（佐々木高明『南からの日本文化』上・下、日本放送出版協会、二〇〇三年）。

金非衣らが最初に上陸した与那国島では「専ら稲米を用いる。粟はあっても、それを植えるのは喜ばれない」とあり、稲作が主要な食糧生産の手段であった。同じように西表島では、「稲と粟を用い、粟は稲の三分の一にとどまる」と述べ、水稲作が卓越していたことを示している。

これに対し、この両島を除く八重山《やえやま》諸島の島々では、いずれも「黍《きび》・粟・牟麦《むぎ》があり、水田は無い。稲米は西表島に貿易する」（波照間島）とあるように、ほとんど畑作に依存していたとみられる。多良間島も「稲が無い」とあり、伊良部島になると「稲はあるが、麦の一〇分の一にとどまる」と記されている。宮古島でも「稲・黍《きび》・粟・牟麦がある」と併記されている程度で、水稲の栽培量は多かったとは考えられない。

このように与那国島と西表島では水稲耕作が普及していたのに対し、他は畑作を主としたとみられる。

沖縄島に到ると、「水田と陸田は相半ばにして、陸田がやや多い」とあり、耕地の半分近くが水田で、「飯には稲米を用う」と米食がかなり普及していたことを記している。

つまり、一五世紀後半の南西諸島においては、与那国・西表両島と沖縄島にそれぞれ稲作地帯が存在し、両者の間には非稲作地帯ないし稲作の比重の小さい地域が拡がっていたと推定される。

稲作の方法

第二に、稲作の方法についてみておこう。

与那国島では、「鋤《すき》を造らない。小さなへらを用いて田を劚《ほじく》り、草を去り、粟を植える」とあり、小型の鉄製の耨耕《どうこう》具を用いて浅耕を行っていることを指摘している。そして、水田は牛の「踏耕」（蹄耕ともいう）によって、本田準備（田拵え）を行い、旧暦の一二月に播種、正月に田植をして、早稲は四月に、晩生稲は五月に収穫する。そのあとヒコバエの生育するのを待って、それを七〜八月頃に収穫するという。現代では、成長力が旺盛なために幹が肥大しにくくなるので、ヒコバエが伸び出したらすぐに切除することが望ましいとされる。佐々木氏は、「かなり原始的な稲作技術が伝承されていた」と指摘している。

また与那国島では、収穫の時期には厳格な忌諱《きき》が守られ、その忌諱の終わりを告げる慣行が存在していた。収穫前、人は皆謹慎し、話をしたとしても声をはりあげる、口をすぼめて口笛をふくことはなかった。収穫の後は、微細な音を出して小管を吹いた。

これに対し、沖縄島では、稲の二期作が行われていた。「水田は、冬の月に種を播《ま》き、五月には稲がみな熟し、収穫を終える。その後、牛をもって田を踏み、さらに種を播く。

七月に苗を移し、冬の間に収穫する」というように、二期作と、牛による踏耕の存在したことを記している。

二期作の記述は、申叔舟の『海東諸国紀』「琉球国紀」の「国俗」にもみられ、「毎年十一月に種を播き、三月に苗を移し、六月に収穫する。また種を播き、七月に苗を移し、一月に収穫する」とある。

諸島間のネットワーク

第三に、諸島間のネットワークについてである。

諸島の住民に米の需要がなかったわけではなく、米を栽培していない島々は、他島から米を購入している。右でみたように波照間島は、西表島に行き、米を購入している。新城島と黒島も、同様に米を西表島から購入している。また朝鮮に漂着した琉球人（多良間島人）の漂流記によれば、多良間島の住民も沖縄本島からの帰路、「也麻老風加音島」において、衣服によって水稲を購入している（『燕山君日記』燕山君三年〔一四九七〕十月壬午条）。

同様な他島からの購入物には、材木がある。与那国島・西表島には山に材木が多く、伊良部島・宮古島（雑木）にもあるが、波照間島・新城島・黒島・多良間島にはない。波照間島では、家を造る際には西表島から材木を購入する。多良間島は、西表島ないしは伊良部島から材木を購入している。

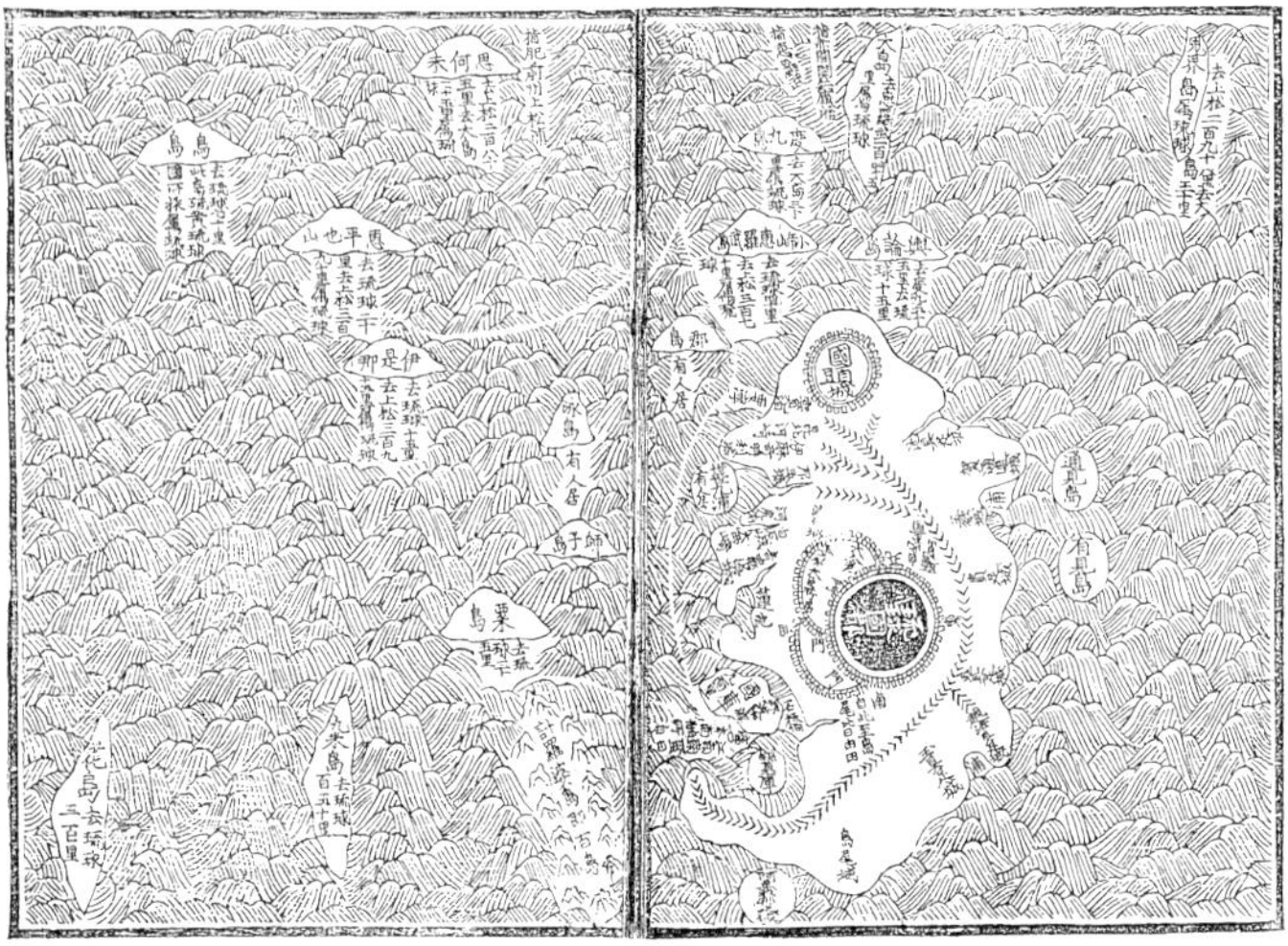

図11　『海東諸国紀』の琉球（東京大学史料編纂所所蔵）

このように条件の異なる島どうしで、必要な物資を補っていたのである。

那覇の光景と食事　最後に、金非衣らが、那覇において見聞したことをいくつか紹介しておこう。

非衣らは、たまたま国王の母の行列を見ることができた。彼女は、四面に簾《すだれ》がかけられている漆《うるし》塗りの輿《こし》に乗っていた。白苧《しろそ》服を着た二〇人ほどが輿を担ぎ、長剣や弓矢を持った一〇〇人余りの軍人がその前後を護衛した。双角《そうかく》や双太平嘯《そうたいへいしょう》を吹き鳴らし、火砲を撃ちながら進んでいった。髪を結わずに後に垂らした一〇歳あまりの顔立ちの美しい少年が、少し遅れてそれに続いた。彼は、赤綃衣を着て束帯して肥馬に乗っていた。馬の轡《くつわ》を引いている者は皆白衣を着ていた。馬に乗って先導するものは四、五人いて、さらに左右を護衛するものが大勢いた。衛士の長剣を持つ者が二〇余人、傘を持つ者が馬に並んで進んで日を遮った。

「国人」によると、国王が亡くなった後、世継《よつぎ》の王子がまだ幼少のため、母が政治をみているとのことである。この少年は、尚真のことで、当時一二歳であった。

さらに食事や市について、次のような内容を述べている。

主食は米である。副食の羹《あつもの》は、塩や醬油で味付けをし、野菜や肉を入れる。酒は、清酒《せいしゅ》と濁酒《だくしゅ》の二種類があって非常に強い。

飯は漆器に盛り、羹は小さな磁器に盛る。皿や箸はあるが、匙はない。

市が開かれ、中国や南蛮の商品が売られている。中国の商人も瓦ぶきの大きな商館を開いている。江南人や南蛮の人もたくさんやってきて商いをしており、往来が絶えない。

牛や馬の肉を食べる。またその肉を市に出して売ることもある。ここでは鶏の肉も食べる。

これまで朝鮮人漂流人のみた日本や琉球について紹介してきた。朝鮮王朝からすれば、宋希璟や申叔舟のような外交使節（官人）の報告は、その行路や観察内容はある程度までは予想できる。それに対し、海難にあって目的地とは異なる地に漂着した人々の報告は、想定外の観察であり、官人の報告には登場しない地域の情報を得ることができる。漂流人からの生の情報は、『朝鮮王朝実録』に掲載される際に整理されているきらいがあるものの、現代の我々にとっても貴重な情報といえるのである。

李芸と日韓交流――エピローグ

李芸の活動

本書をしめくくるにあたり、李芸《りげい イイエ》という朝鮮王朝の官人を紹介したい。李芸については、中田稔氏による丹念な研究がある（東京学芸大学大学院連合学校教育学研究科〈横浜国立大学〉博士論文『朝鮮初期の官人李藝とその後孫鶴城李氏家門を追って―士族家門の記録と記憶に関する研究―』二〇一一年）。

『世宗実録』二七年二月丁卯条に、李芸の卒伝がある。それによれば、李芸の母が倭寇《わこう》に拉致されたこと、使節として日本に四〇回以上渡ったこと、倭寇に拉致された被虜人合計六六七名余を朝鮮に送還したことなどを記している。一四三二年に通信使《つうしんし》に任じられた他、それ以外にも回礼使《かいれいし》や通信使に随行していて、都合四回京都を往復している。また対馬島体察使《たいさつし》として宗貞盛《そうさだもり》らと交渉して、朝鮮―対馬間の制度の確立にも尽力した。

この記事と『朝鮮王朝実録』の李芸に関する記述を検討した中田氏は、李芸の対日活動を次のように整理している。（　）は、筆者による注記である。

A　倭寇の被害者としての経験
　母の拉致、蔚州吏の時の上司李殷の拉致
B　倭寇の被虜刷還《さつかん》（送還）のための対馬《つしま》・壱岐《いき》・松浦《まつら》への通交
　特に、対馬島主宗貞茂《さだしげ》・貞盛や、倭商早田左衛門大郎《そうださえもんたろう》との関係
C　回礼使・通信使としての京都の幕府将軍・西日本各地の守護大名との外交交渉
D　山陰地方への漂流経験
E　朝鮮王朝官人としての唯一の琉球渡航
F　貿易活動、とくに綿紬《めんちゅう》（絹織物）や銅貿易をめぐる博多商人との関係
G　軍船をはじめとした「軍器」（武器）への関心
H　日朝通交体制の構築――文引・釣魚禁約・癸亥《きがい》約条等

右の整理のうち、Gについて触れておこう。

諸国の船の比較

一四三〇年、礼曹《れいそう》は、大護軍の李芸の言として、世宗に次のように伝えている。

江南、琉球、南蛮、日本諸国の船は、みな鉄釘を用い、日を重ねて造っているので、

堅く緻密であり、軽快に進みます。何ヶ月も海に浮かべても滲漏《しんろう》することがなく、たとえ大風にあっても、毀傷しません。耐用年数は、二、三〇年に至ります。それに比べ、朝鮮の兵船は、木釘を使用して造り、また日数をかけずに造っているので、牢固かつ軽快ではなく、耐用年数も八、九年に過ぎません。船が毀傷した場合に修補しようとしても、松木を継ぐのが困難です。今後は、諸国の造船の例にならって、短期間では造らずに、鉄釘を用いて、堅く緻密で軽快な船を造ってはどうでしょうか。

（『世宗実録』一二年五月戊午条）

李芸は、使節としての豊富な経験から、江南・琉球・南蛮・日本諸国の船と朝鮮船を比較している。そして鉄釘を使用する有効性を説き、朝鮮船に用いることを提案している。

李芸の顕彰

李芸の子孫にあたる鶴城李氏家門は、これまで李芸を顕彰するため、文集を編纂したり、肖像画の制作や、影幀の奉安を行ったりしてきた。

現在では、こうした活動がいっそう進められ、日本との交流にまで広がっている。二〇〇五年には、李芸の本貫である蔚州郡と対馬市の友好協力関係が締結され、学術講演会も開かれた。通信使李芸の功績碑が、対馬市佐賀《さか》の円通寺に建てられ、二〇〇五年一一月に除幕式が行われた。また「忠粛公李芸銅像」が、二〇〇六年、蔚山《ウルサン》中央公園に設けられた。

このような李芸の顕彰は、多くの人の関心を得るようになった。たとえば、日本でも、嶋村初吉編著・訳『玄界灘を越えた朝鮮外交官　李芸―室町時代の朝鮮通信使―』（明石書店、二〇一〇年）が刊行された。同書をもとに、金住則行『李藝―最初の朝鮮通信使―』（河出書房新社、二〇一一年）という小説が書かれた。日韓合作によるドキュメンタリー映画「李藝　最初の朝鮮通信使」が制作され、二〇一三年六月から公開された。

新たな日韓交流へ

近年の韓流ブームの中で、韓国で制作された歴史ドラマが、日本のテレビ（地上波、衛星放送）でも連日放映されている。朝鮮王朝時代のドラマも多く、ドラマを見るために、この時代を解説した本が何冊も刊行されている。本書で取り上げた世《せい》宗《そう》《セジョン》や中叔舟《しんしゆくしゆう》《シンスクチユ》も、実はこうしたドラマに登場している。日本でもヒットした「宮廷女官チャングムの誓い」には、済州島を襲った倭寇が登場する。

先に見た李芸をはじめ、日本を訪れた朝鮮使節や、日本や琉球に漂着した朝鮮人の軌跡を丹念におい、彼らの目を通して日本を再認識することは、日本の韓流ブームにしっかりとした内実を与え、日本と韓国の社会や文化などを見つめ直すことにつながるのではないだろうか。そのことが、新たな日韓交流を生み出すことになるのではないか。本書のささやかな作業が、こうした夢の実現にいささかでも寄与するのならば、望外の幸せである。

あとがき

二〇一三年六月四日、エピローグで紹介したドキュメンタリー映画「李藝　最初の朝鮮通信使」を、ヒューマントラストシネマ有楽町（モーニング上映）において、上映後のトークショーとあわせて見ることができた。製作者の熱意は感じられたものの、近世の通信使に関する映像を使用して李芸の旅を跡づけてしまっているなど、その歴史を伝えきれてはいなかった。室町時代の日朝関係、とりわけ中世の朝鮮使節の歴史を発信する必要性を痛感し、本書を刊行する意義がそこにあるのだと思った。

本書の執筆は、二〇〇一年に論文集とあわせて依頼された。論文集は『中世日朝関係史の研究』として、二〇〇二年に刊行したものの、本書の刊行までには長い年月を費やしてしまった。当初の計画では、中国人の日本認識についても触れる予定であったが、執筆を進めていく中で、構想を何度も練り直し、導入として中世の対外関係を概観する章を加え、『老松堂日本行録』に関する記述を増やすことにした。後者については、近年、入明記を読む講読会に参加している経験から、旅の全体を描きたいという思いが強かったことによる。もっともそのため、分量が多くなってしまい、現地の写真をほとんど載せることができなかった。なお、本書の一部は、「朝鮮王朝官人の日本観察」（『歴史評論』第五九二号、一九九九年）と「渡航記からみた交通史研究の課題」（『交通史研究』第五六号、二〇〇五年）という二編の拙稿に拠っている。

本書の執筆にあたっては、『海東諸国紀』の訳注を担当した故田中健夫先生、『老松堂日本行録』の校注を担当した村井章介氏の研究に依拠するところが大きかった。本書で私が付け加えた点はわずかでしかでなく、改めて両氏の学恩に感謝したい。

最後に、編集や出版の労を取っていただいた吉川弘文館の方々に、感謝の意を表しておきたい。

二〇一三年六月

関　周一

著者紹介

一九六三年、茨城県日立市に生まれる
一九九二年、筑波大学大学院博士課程歴史・人類学研究科単位取得退学。博士（文学、筑波大学）
現在、つくば国際大学・武蔵大学ほか非常勤講師

主要著書
『中世日朝海域史の研究』（吉川弘文館、二〇〇二年）
『対馬と倭寇』（高志書院、二〇一二年）
『火縄銃の伝来と技術』（佐々木稔編、共著、吉川弘文館、二〇〇三年）

歴史文化ライブラリー
367

朝鮮人のみた中世日本

二〇一三年（平成二十五）九月一日　第一刷発行

著　者　関《せき》　周《しゅう》　一《いち》

発行者　前田求恭

発行所　株式会社　吉川弘文館
東京都文京区本郷七丁目二番八号
郵便番号一一三—〇〇三三
電話〇三—三八一三—九一五一〈代表〉
振替口座〇〇一〇〇—五—二四四
http://www.yoshikawa-k.co.jp/

印刷＝株式会社 平文社
製本＝ナショナル製本協同組合
装幀＝清水良洋・田中至

歴史文化ライブラリー

1996.10

刊行のことば

現今の日本および国際社会は、さまざまな面で大変動の時代を迎えておりますが、近づきつつある二十一世紀は人類史の到達点として、物質的な繁栄のみならず文化や自然・社会環境を謳歌できる平和な社会でなければなりません。しかしながら高度成長・技術革新にともなう急激な変貌は「自己本位な刹那主義」の風潮を生みだし、先人が築いてきた歴史や文化に学ぶ余裕もなく、いまだ明るい人類の将来が展望できていないようにも見えます。このような状況を踏まえ、よりよい二十一世紀社会を築くために、人類誕生から現在に至る「人類の遺産・教訓」としてのあらゆる分野の歴史と文化を「歴史文化ライブラリー」として刊行することといたしました。

小社は、安政四年（一八五七）の創業以来、一貫して歴史学を中心とした専門出版社として書籍を刊行しつづけてまいりました。その経験を生かし、学問成果にもとづいた本叢書を刊行し社会的要請に応えて行きたいと考えております。

現代は、マスメディアが発達した高度情報化社会といわれますが、私どもはあくまでも活字を主体とした出版こそ、ものの本質を考える基礎と信じ、本叢書をとおして社会に訴えてまいりたいと思います。これから生まれでる一冊一冊が、それぞれの読者を知的冒険の旅へと誘い、希望に満ちた人類の未来を構築する糧となれば幸いです。

吉川弘文館

〈オンデマンド版〉
朝鮮人のみた中世日本

On Demand
歴史文化ライブラリー
367

2022年（令和4）10月1日　発行

著　者　関《せき》　周《しゅう》一《いち》
発行者　吉川道郎
発行所　株式会社　吉川弘文館
〒113-0033　東京都文京区本郷7丁目2番8号
TEL　03-3813-9151〈代表〉
URL　http://www.yoshikawa-k.co.jp/

印刷・製本　大日本印刷株式会社
装　幀　清水良洋・宮崎萌美

関　周一（1963～）

ISBN978-4-642-75767-6